ΠΑΣΙΝ
Kurzgrammatik

Für

Thomas

Katja Kersten-Babeck

ΠΑΣΙΝ
Kurzgrammatik für neutestamentliches Griechisch

Kartoffeldruck-Verlag
Speyer 2016

Bibliografische Information der Deutschen Nationalbibliothek

Die Deutsche Nationalbibliothek verzeichnet diese Publikation in der Deutschen Nationalbibliografie; detaillierte bibliografische Daten sind im Internet über http://dnb.d-nb.de abrufbar.

Der Kartoffeldruck-Verlag (den Namen verdankt er einem Vorschlag von Prof. Dr. Niklas Holzberg) publiziert zum reinen Selbstkostenpreis Bücher, die in jeder Buchhandlung bestellt werden können – insbesondere für Expertinnen und Experten in Altertumswissenschaft und Schule.

2016

www.kartoffeldruck-verlag.de
ISBN 978-3-939526-30-8

INHALTSVERZEICHNIS

Abkürzungsverzeichnis

Adj.	Adjektiv
Adv.	Adverb
Akt.	Aktiv
Akk.	Akkusativ
Aor.	Aorist
Asp.	Aspekt
Attr.	Attribut
Begr.	Begriff
Bildg.	Bildung
Dat.	Dativ
Dekl.	Deklination
enkl.	enklitisch
fem.	feminin
Fut.	Futur
Gebr.	Gebrauch
Gen.	Genitiv
griech.	griechisch
Imperat.	Imperativ
Imperf.	Imperfekt
Ind.	Indikativ
Inf.	Infinitiv
KNG	Kasus-Numerus-Genus
Konj.	Konjunktiv
lat.	lateinisch
mask.	maskulin
Med.	Medium
neutr.	neutrum
Nom.	Nominativ
Num.	Numerus
Opt.	Optativ
P.	Person
Part.	Partizip
Pass.	Passiv
Perf.	Perfekt
Pl.	Plural
Plus.	Plusquamperfekt
Präs.	Präsens
schw. Aor.	schwacher Aorist
Sgl.	Singular
st. Aor.	starker Aorist
Subj.	Subjekt
Subst.	Substantiv
Vok.	Vokativ
Wurzelaor.	Wurzelaorist

Vorwort

Die vorliegende Grammatik ist Teil des Lehrwerkes *ΠΑΣΙΝ. Lehrbuch für neutestamentliches Griechisch.* Sie zeigt die Grammatik der Koine, des griechischen Dialektes auf, in dem das Neue Testament verfasst ist.

ΠΑΣΙΝ. Kurzgrammatik für neutestamentliches Griechisch erhebt nicht den Anspruch, alle grammatikalischen Phänomene bis ins Detail darzustellen. Vielmehr bietet sie eine Übersicht über die wichtigsten Formen, Konstruktionen und syntaktischen Erscheinungen. Die Kurzgrammatik bündelt somit das Basiswissen für Studierende, deren Ziel die eigenständige Lektüre neutestamentlicher Texte ist.

Für eine noch intensivere Auseinandersetzung mit der Koine und ihren sprachlichen Besonderheiten sind am Ende des Buches weiterführende und ausführlichere Grammatiken angegeben.

Ich danke allen, die mich bei der Entstehung dieses Buches unterstützt haben. Vor allem gilt mein Dank jenen, die mit kritischem Auge und konstruktiver Kritik zur Verbesserung von *ΠΑΣΙΝ. Kurzgrammatik für neutestamentliches Griechisch* beigetragen haben.

Erfurt, im August 2016 — Katja Kersten-Babeck

Griechische Schrift und Aussprache

Alphabet

Druckschrift groß	Druckschrift klein	Lautwert	Name
Α	α	a	Alpha
Β	β	b	Beta
Γ	γ	g	Gamma
Δ	δ	d	Delta
Ε	ε	e (kurz)	Epsilon
Ζ	ζ	z	Zeta
Η	η	e(lang)/ä	Eta
Θ	θ	t^h	Theta
Ι	ι	i	Iota
Κ	κ	k	Kappa
Λ	λ	l	Lambda
Μ	μ	m	My
Ν	ν	n	Ny
Ξ	ξ	x	Xi
Ο	ο	o (kurz)	Omikron
Π	π	p	Pi
Ρ[1]	ρ[1]	r	Rho
Σ	σ ς[2]	s	Sigma
Τ	τ	t	Tau
Υ	υ	y	Ypsilon
Φ	φ	ph	Phi
Χ	χ[3]	ch	Chi
Ψ	ψ	ps	Psi
Ω	ω	o (lang)	Omega

Diphthonge	Aussprache
αι	ai
ει	ej
αυ	au
ου	u
υι	üi
ευ /ηυ/οι	eu

Doppelte Konsonanten	Aussprache
σχ	s-ch
γ + γ,κ,ξ,χ	ng /nk

Iota subscriptum	Aussprache
ᾳ	α
ῃ	η
ῳ	ω

1: am Wortanfang: Ῥ ῥ * 2: am Ende eines Wortes (Schlusssigma) * 3: a-, o-, u-Laut + χ = ch wie in Dach, sonst ch wie in nicht

Akzente

Im Griechischen gibt es drei Akzente, die ursprünglich die Stimmführung angegeben haben. Diese Betonungszeichen zeigen an, auf welcher Silbe das Wort betont wird.

Akut	´	λόγος
Gravis	`	ψυχὴ
Zirkumflex	῀	νῦν

Atona

Wörter, die keinen Akzent besitzen, bezeichnet man als Atona.

Zu ihnen gehören: ὁ, ἡ, οἱ, αἱ, εἰς, ἐν, ἐκ / ἐξ, εἰ, ὡς, οὐ / οὐκ / οὐχ.

Enklitika

Enklitika sind die Wörter, die sich ganz nah an das vorhergehende Wort anlehnen und auf diesem ihren Akzent ablegen oder ihn gänzlich verlieren. Es kann dabei geschehen, dass das erste Wort zwei Akzente trägt. Betont wird dann die Silbe mit der natürlichen Betonung, z. B. Ἰουδαῖός ἐστιν.

Trema

Trägt bei zwei benachbarten Vokalen der zweite ein Trema ¨ (Trennungspunkte), werden beide Vokale nicht als Diphthong, sondern getrennt gesprochen. Das Trema steht nur über ι und υ.

Καϊάφας → *sprich:* Ka-i-aphas

Spiritus

Beginnt ein Wort mit einem Vokal oder Diphthong, trägt dieser einen Spiritus, ein Hauchzeichen.

Man unterscheidet zwischen dem

Spiritus asper	῾	ὁ	Der Vokal, über dem der Spiritus asper steht, wird angehaucht. *Sprich:* ho
Spiritus lenis	᾿	ὀ	Der Spiritus lenis hat für die Aussprache keine Bedeutung. *Sprich:* o

Die Spiritus stehen

bei Kleinbuchstaben über dem Vokal, z. B. ἀλλά,

bei Großbuchstaben vor dem Vokal, z. B. Ἀλλά und

bei Diphthongen über dem zweiten Vokal, z. B. εἰρήνη.

Satzzeichen

Griechisch	Deutsch
.	. oder !
,	, oder .
·	: oder ;
;	?

Lautgesetze

Krasis

Endet ein kurzes Wort mit einem Vokal und beginnt das folgende Wort mit einem Vokal, so verschmelzen beide zu einem Wort. Das entstandene Wort trägt die Koronis (griech./lat.: Schlussschnörkel) ᾿.

Καὶ ἐκεῖθεν → Κἀκεῖθεν (Lk 11,53) * καὶ ἐκεῖνος → κἀκεῖνος (Lk 22,12) * καὶ ἐμοί → κἀμοὶ (Apg 8,19) * καὶ ἐγώ → κἀγώ (2 Kor 11,21)

Elision

Endet ein Wort mit einem kurzen Vokal und beginnt das folgende Wort mit einem Vokal, so entfällt der Vokal des ersten Wortes. Als Kennzeichen erhält es einen Apostroph **’**.

ἀπὸ ἐμαυτοῦ → απ’ ἐμαυτοῦ (Joh 7,28) * ἀλλὰ ἔστιν → ἀλλ’ ἔστιν (Joh 7,28) * μετὰ αὐτῶν → μετ’ αὐτῶν (Apg 9,28) * διὰ ἣν → δι’ ἣν (Lk 8,47)

Endet das erste Wort nach der Vokalauslassung mit κ, γ, π, β, τ oder δ und beginnt das folgende Wort mit einem aspirierten, also einem angehauchten Laut, so wird der Konsonant des ersten Wortes ebenfalls angehaucht.

ἀπὸ ἧς → αφ’ ης (Apg 20,18) * κατὰ ὅλην → καθ’ ὅλην (Lk 8,39) * ἐπὶ ὅλην → εφ’ ολην (Mk 15,33)

Assimilation

Zwei aufeinander folgende Konsonanten gleichen sich an.

ἐν-βλέπω → ἐ**μ**-βλέπω * συμ-λαμβάνω → συ**λ**-λαμβάνω

Kontraktion

Stehen innerhalb eines Wortes zwei Vokale nebeneinander, werden diese zusammengezogen. Aus ihnen entsteht ein langer Vokal oder Diphthong.

ποιέ-ω → ποι**ῶ** * δηλό-ειν → δηλ**οῦ**ν * τιμά-ουσα → τιμ**ῶ**σα

Kontraktionsregeln: vgl. S. 41

Artikel

Formen

	maskulin	neutrum	feminin
	der	das	die
Nom. Sgl.	ὁ	τό	ἡ
Gen. Sgl.	τοῦ		τῆς
Dat. Sgl.	τῷ		τῇ
Akk. Sgl.	τόν	τό	τήν
Nom. Pl.	οἱ	τά	αἱ
Gen. Pl.	τῶν		
Dat. Pl.	τοῖς		ταῖς
Akk. Pl.	τούς	τά	τάς

Gebrauch

Steht im Griechischen ein Artikel, so wird dieser im Deutschen mit dem bestimmten Artikel wiedergegeben, z. B. ὁ ἄνθρωπος - der Mensch.

Fehlt im Griechischen der Artikel, so setzt man im Deutschen keinen oder einen unbestimmten Artikel, z. B. ἄνθρωπος - Mensch / ein Mensch.

Der Artikel wird auch zur Substantivierung von Adverbien, Adjektiven und Partizipien verwendet.

ἀπὸ τοῦ νῦν (Lk 5,10) - von [der Zeit] nun an * τοὺς μετ' αὐτου (Mk 5,40) - die mit ihm, seine Begleiter * καὶ ποιεῖ πάντας, τοὺς μικροὺς καὶ τοὺς μεγάλους, καὶ τοὺς πλουσίους καὶ τοὺς πτωχούς … (Offb 13,16) - und es macht alle, die Kleinen und die Großen, die Reichen und die Armen, … * τοὺς κατοικοῦντας (Offb 13,14) - die (die Erde) Bewohnenden, die (Erden-)Bewohner

Eigennamen, die auf Grund ihrer Herkunft aus anderen Sprachen im Griechischen nicht dekliniert werden können, erhalten meistens einen Artikel, um den Kasus anzuzeigen.

τον Ἰακώβ (Mt 1,2) * τῆς Θαμάρ (Mt 1,3) * ὁ Μιχαὴλ (Offb 12,7)

Substantiv und Adjektiv

Im Griechischen gibt es vier Kasus: Nominativ, Genitiv, Dativ, Akkusativ. Zusätzlich gibt es noch den Vokativ, den Anredefall. Er ist, wenn nicht anders angegeben, mit dem Nominativ identisch.

o-Deklination

Maskuline und neutrale Substantive

	maskulin	neutrum
	der Herr	das Werk
Nom. Sgl.	ὁ κύριος	τὸ ἔργον
Gen. Sgl.	τοῦ κυρίου	τοῦ ἔργου
Dat. Sgl.	τῷ κυρίῳ	τῷ ἔργῳ
Akk. Sgl.	τὸν κύριον	τὸ ἔργον
Vok. Sgl.	κύριε	
Nom. Pl.	οἱ κύριοι	τὰ ἔργα
Gen. Pl.	τῶν κυρίων	τῶν ἔργων
Dat. Pl.	τοῖς κυρίοις	τοῖς ἔργοις
Akk. Pl.	τοὺς κυρίους	τὰ ἔργα

Neutra

Nominativ und Akkusativ eines Numerus sind immer gleich.

Nominativ Plural und Akkusativ Plural enden immer auf -α.

Feminine Substantive, Jesus

	Sgl.	Pl.	
	der Weg		Jesus
Nom.	ἡ ὁδός	αἱ ὁδοί	ὁ Ἰησοῦς
Gen.	τῆς ὁδοῦ	τῶν ὁδῶν	τοῦ Ἰησοῦ
Dat.	τῇ ὁδῷ	ταῖς ὁδοῖς	τῷ Ἰησοῦ
Akk.	τὴν ὁδόν	τὰς ὁδούς	τὸν Ἰησοῦν
Vok.			Ἰησοῦ

a-Deklination

Feminine Substantive

	η-Reihe	α-purum	α-impurum
	die Schwester	die Gemeinde	der Ruhm
Nom. Sgl.	ἡ ἀδελφή	ἡ ἐκκλησία	ἡ δόξα
Gen. Sgl.	τῆς ἀδελφῆς	τῆς ἐκκλησίας	τῆς δόξης
Dat. Sgl.	τῇ ἀδελφῇ	τῇ ἐκκλησίᾳ	τῇ δόξῃ
Akk. Sgl.	τὴν ἀδελφήν	τὴν ἐκκλησίαν	τὴν δόξαν
Nom. Pl.	αἱ ἀδελφαί	αἱ ἐκκλησίαι	αἱ δόξαι
Gen. Pl.	τῶν ἀδελφῶν	τῶν ἐκκλησιῶν	τῶν δόξῶν
Dat. Pl.	ταῖς ἀδελφαῖς	ταῖς ἐκκλησίαις	ταῖς δόξαις
Akk. Pl.	τὰς ἀδελφάς	τὰς ἐκκλησίας	τὰς δόξας

Eier-Regel: Substantive, die im Nominativ vor der Endung -α ein ε, ι oder ρ haben, werden nach der α-purum-Reihe dekliniert.

Maskuline Substantive

	der Schüler	der Jüngling
Nom. Sgl.	ὁ μαθητής	ὁ νεανίας
Gen. Sgl.	τοῦ μαθητοῦ (!)	τοῦ νεανίου (!)
Dat. Sgl.	τῷ μαθητῇ	τῷ νεανίᾳ
Akk. Sgl.	τὸν μαθητήν	τὸν νεανίαν
Vok. Sgl.	μαθητά	νεανία
Nom. Pl.	οἱ μαθηταί	οἱ νεανίαι
Gen. Pl.	τῶν μαθητῶν	τῶν νεανιῶν
Dat. Pl.	τοῖς μαθηταῖς	τοῖς νεανίαις
Akk. Pl.	τοὺς μαθητάς	τοὺς νεανίας

Adjektive der o- und a-Deklination

Maskuline Adjektive mit der Endung -ος und neutrale mit der Endung -ον werden wie die entsprechenden Substantive nach der o-Deklination gebeugt. Die auf -α oder -η endenden femininen Adjektive dekliniert man nach der a-Deklination.

Zusammengesetzte Adjektive sind meistens 2-endig. Die Endung -ος wird für Maskulina und Feminina verwendet.

ἀδύνατος ἀδελφός - der kraftlose Bruder * ἀδύνατος ἀδελφή - die kraftlose Schwester * ἀδύνατον τέκνον - das kraftlose Kind

Gebrauch der Adjektive

Man unterscheidet zwischen drei verschiedenen Wortstellungen des Adjektivs:

attributiv: ὁ ἀγαθὸς κύριος oder ὁ κύριος ὁ ἀγαθός - der gute Herr

prädikativ: ὁ κύριος ἀγαθός - der Herr ist gut

substantiviert: ὁ ἀγαθός - der Gute.

Dritte Deklination

Endungen und Stämme

	Sgl.	Pl.
Nom.	- / -ς	-ες / -α (neutr.)
Gen.	-ος	-ων
Dat.	-ι	-σι(ν)
Akk.	-α / -ν / = Nom. (neutr.)	-ας / = Nom. (neutr.)

Nach der dritten Deklination werden Substantive aller Geschlechter gebeugt.
Der Wortstamm ist nicht in jedem Fall aus dem Nominativ Singular, jedoch immer aus dem Genitiv Singular ersichtlich.

<table>
<tr><th>Stämme</th><th>Beispiele</th><th colspan="2">Besonderheiten</th></tr>
<tr><td>ρ-Stamm</td><td>ὁ ἀστήρ,
ἀστέρ-ος</td><td colspan="2"></td></tr>
<tr><td>Gutturalstamm
κ, γ, χ</td><td>ἡ σάλπιγξ,
σάλπιγγ-ος</td><td colspan="2">Dat. Pl.: κ, γ, χ + σ = ξ</td></tr>
<tr><td>Labialstamm
β, π, φ</td><td>ἡ λαῖλαψ,
λαίλαπ-ος</td><td colspan="2">Dat. Pl.: β, π, φ + σ = ψ</td></tr>
<tr><td rowspan="3">Dentalstamm
δ, τ, θ</td><td>ἡ ἐλπίς,
ἐλπίδ-ος</td><td>= endbetont</td><td rowspan="3">Dat. Pl.: Dental entfällt immer</td></tr>
<tr><td>ἡ ἔρις,
ἔριδ-ος</td><td>= nicht endbetont
→Akk. Sgl.: -ν</td></tr>
<tr><td>τὸ καύχημα,
καυχήματ-ος</td><td>neutr. -μα</td></tr>
<tr><td>ν-Stamm</td><td>ὁ ποιμήν,
ποιμέν-ος</td><td colspan="2">Dat. Pl.: ν entfällt</td></tr>
</table>

ντ-Stamm	ὁ δράκων, δράκοντ-ος	Dat. Pl.: ντ entfällt, Dehnung des Stammvokals
σ-Stamm	τὸ ὄρος, ὄρους	neutr. -ος σ zwischen zwei Vokalen entfällt, Kontraktion der Vokale
υ-Stamm	ὁ ἰχθύς, ἰχθύ-ος	Akk. Sgl.: -ν
ευ-Stamm	ὁ βασιλεύς, βασιλέως	mask. -ευς Quantitätentausch im Gen. Sgl.: -ως, Nom. Pl. = Akk. Pl.
ι-Stamm	ἡ πόλις, πόλεως	fem. -ις Quantitätentausch im Gen. Sgl.: -ως, Akk. Sgl.: -ν, Nom. Pl. = Akk. Pl.

Substantive

	ρ-Stamm	Gutturalstamm	Labialstamm
	der Stern	die Trompete	der Sturm
Nom. Sgl.	ὁ ἀστήρ	ἡ σάλπιγξ	ἡ λαῖλαψ
Gen. Sgl.	τοῦ ἀστέρος	τῆς σάλπιγγος	τῆς λαίλαπος
Dat. Sgl.	τῷ ἀστέρι	τῇ σάλπιγγι	τῇ λαίλαπι
Akk. Sgl.	τὸν ἀστέρα	τὴν σάλπιγγα	τὴν λαίλαπα
Nom. Pl.	οἱ ἀστέρες	αἱ σάλπιγγες	αἱ λαίλαπες
Gen. Pl.	τῶν ἀστέρων	τῶν σαλπίγγων	τῶν λαιλάπων
Dat. Pl.	τοῖς ἀστέρσι(ν)	ταῖς σάλπιγξι(ν)	ταῖς λαίλαψι(ν)
Akk. Pl.	τοὺς ἀστέρας	τὰς σάλπιγγας	τὰς λαίλαπας
	Dentalstamm		
	endbetont	nicht endbetont	neutrum
	die Hoffnung	der Streit	das Loblied
Nom. Sgl.	ἡ ἐλπίς	ἡ ἔρις	τὸ καύχημα
Gen. Sgl.	τῆς ἐλπίδος	τῆς ἔριδος	τοῦ καυχήματος
Dat. Sgl.	τῇ ἐλπίδι	τῇ ἔριδι	τῷ καυχήματι
Akk. Sgl.	τὴν ἐλπίδα	τὴν ἔριν	τὸ καύχημα

Nom. Pl.	αἱ ἐλπίδες	αἱ ἔριδες	τὰ καυχήματα
Gen. Pl.	τῶν ἐλπίδων	τῶν ἐρίδων	τῶν καυχημάτων
Dat. Pl.	ταῖς ἐλπίσι(ν)	ταῖς ἔρισι(ν)	τοῖς καυχήμασι(ν)
Akk. Pl.	τὰς ἐλπίδας	τὰς ἔριδας	τὰ καυχήματα
	ν-Stamm	ντ-Stamm	σ-Stamm
	der Hirte	der Drache	der Berg
Nom. Sgl.	ὁ ποιμήν	ὁ δράκων	τὸ ὄρος
Gen. Sgl.	τοῦ ποιμένος	τοῦ δράκοντος	τοῦ ὄρους[1]
Dat. Sgl.	τῷ ποιμένι	τῷ δράκοντι	τῷ ὄρει[1]
Akk. Sgl.	τὸν ποιμένα	τὸν δράκοντα	τὸ ὄρος
Nom. Pl.	οἱ ποιμένες	οἱ δράκοντες	τὰ ὄρη[1]
Gen. Pl.	τῶν ποιμένων	τῶν δράκοντων	τῶν ὀρῶν[1]
Dat. Pl.	τοῖς ποιμέσι(ν)	τοῖς δράκουσι(ν)	τοῖς ὄρεσι(ν)[2]
Akk. Pl.	τοὺς ποιμένας	τοὺς δράκοντας	τὰ ὄρη[1]
	υ-Stamm	ευ-Stamm	ι-Stamm
	der Fisch	der König	die Stadt
Nom. Sgl.	ὁ ἰχθύς	ὁ βασιλεύς	ἡ πόλις
Gen. Sgl.	τοῦ ἰχθύος	τοῦ βασιλέως[3]	τῆς πόλεως[3]
Dat. Sgl.	τῷ ἰχθύι	τῷ βασιλεῖ	τῇ πόλει
Akk. Sgl.	τὸν ἰχθύν	τὸν βασιλέα	τὴν πόλιν
Vok.		βασιλεῦ	πόλι
Nom. Pl.	οἱ ἰχθύες	οἱ βασιλεῖς	αἱ πόλεις
Gen. Pl.	τῶν ἰχθύων	τῶν βασιλέων	τῶν πόλεων
Dat. Pl.	τοῖς ἰχθύσι(ν)	τοῖς βασιλεῦσι(ν)	ταῖς πόλεσι(ν)
Akk. Pl.	τοὺς ἰχθύας	τοὺς βασιλεῖς	τὰς πόλεις

1: ursprüngliche Formen: Gen. Sgl. ὀρεσ-ος, Dat. Sgl. ὀρεσ-ι, Nom. / Akk. Pl. ὀρεσ-α, Gen. Pl. ὀρεσ-ων; σ fällt aus, beide Vokale kontrahieren * 2: ursprünglicher Dat. Pl. ὀρεσ-σιν; σ fällt aus * 3: Metathesis quantitatum: Quantitätentausch, statt -ος steht -ως

Adjektive

	υ-Stamm			σ-Stamm	
	gerade			schwach	
Nom. Sgl.	εὐθύς	εὐθεῖα	εὐθύ	ἀσθενής[1]	ἀσθενές
Gen. Sgl.	εὐθέως	εὐθείας	εὐθέως	ἀσθενοῦς	
Dat. Sgl.	εὐθεῖ	εὐθείᾳ	εὐθεῖ	ἀσθενεῖ	
Akk. Sgl.	εὐθύν	εὐθεῖαν	εὐθύ	ἀσθενῆ	ἀσθενές
Nom. Pl.	εὐθεῖς	εὐθεῖαι	εὐθέα	ἀσθενεῖς	ἀσθενῆ
Gen. Pl.	εὐθέων	εὐθειῶν	εὐθέων	ἀσθενῶν	
Dat. Pl.	εὐθέσι(ν)	εὐθείαις	εὐθέσι(ν)	ἀσθενέσι(ν)	
Akk. Pl.	εὐθεῖς	εὐθείας	εὐθέα	ἀσθενεῖς	ἀσθενῆ

1: eigentlicher Stamm: ἀσθενεσ-; Ausfall des σ und Kontraktion der Vokale; vgl. Substantive S. 20

Kasusfunktionen

Nominativ

Im Nominativ stehen das Subjekt und das Prädikatsnomen.

λέγει οὖν αὐτῷ ἡ γυνὴ ἡ Σαμαρῖτις· (Joh 4,9) - **Die samaritische Frau** sagt also zu ihm:
… ουτός ἐστιν ἀληθῶς ὁ σωτὴρ τοῦ κόσμου. (Joh 4,42) - **Dieser** ist wahrhaftig **der Retter** der Welt.

Genitiv

Der Genitiv kann angeben:

◦ Zugehörigkeit, Besitz, Verwandtschaft (Genitivus pertinentiae / possessivus)

ἐν τῇ οἰκίᾳ αὐτου (Mk 2,15) - in dem Haus **von ihm**, in **seinem** Haus * οἱ γὰρ μαθηται αὐτου ἀπεληλύθεισαν … (Joh 4,8) - **Seine** Schüler / Die Schüler **von ihm** nämlich waren wegggegangen… * … Μαρία ἡ Ἰακώβου τοῦ μικρου … (Mk 15,40) - … Maria, die [Mutter] **des jungen Jakobus**

◦ Subjekt, Objekt (Genitivus subiectivus / obiectivus)

ἡ βασιλεία **τοῦ θεου** (Offb 12,10)

die Herrschaft **Gottes**: Gott übt die Herrschaft aus. Er ist also das Subjekt.

die Herrschaft **über Gott**: Irgendjemand beherrscht Gott. Gott ist also das Objekt der Herrschaft

Tipp: Der Genitiv als Objekt wird im Deutschen immer mit einer Präposition angeschlossen.

◦ Stoff, Inhalt, Eigenschaft (Genitivus materiae / qualitatis)

τὸ ποτήριον **τοῦ οἴνου** (Offb 16,19) - der Becher **des Weines**, der **Wein**becher * ἑκατὸν τεσσεράκοντα τεσσάρων **πηχῶν** (Offb 21,17) - 144 an Ellen, 144 **Ellen** * ποταμὸν **ὕδατος** (Offb 22,1) - ein Fluss **des Wassers**, ein Fluss **mit Wasser**

◦ Preis, Wert (Genitivus pretii)

… **τοσούτου** τὸ χωρίον ἀπέδοσθε; (Apg 5,8) - … habt ihr das Grundstück **für so viel** verkauft?

◦ Trennung (Genitivus separativus)

Καὶ εἶδον **ἐκ τῆς θαλάσσης** θηρίον ἀναβαῖνον … (Offb 13,1) - Und ich sah **aus dem Meer** ein Tier hinaufsteigen … * … καὶ νεφέλη ὑπέλαβεν αὐτὸν **ἀπο τῶν ὀφθαλμῶν αὐτῶν**. (Apg 1,9) - … und eine Wolke nahm ihn weg **von ihren Augen**.

◦ Teil (Genitivus partitivus)

ἦσαν δέ τινες **τῶν γραμματέων** ἐκεῖ καθήμενοι … (Mk 2,6) - Es saßen aber dort einige **der Schriftgelehrten** … * καὶ αὐτοὶ οὐδὲν **τούτων** συνῆκαν … (Lk 18,34) - Und sie begriffen nichts **von diesen [Worten]** …

◦ Zeit (Genitivus temporis)

νηστεύω δὶς **τοῦ σαββάτου** … (Lk 18,12) - Ich faste zweimal **am Sabbat** … * **ἡμέρας** καὶ **νυκτὸς** (Offb 14,11) - **Tag** und **Nacht**, **am Tag** und **in der Nacht**

◦ Vergleich (Genitivus comparationis)

… οὐκ ἔστιν δοῦλος μείζων **τοῦ κυρίου** … (Joh 13,16) - es ist nicht ein Sklave größer **als der Herr**

Der Genitiv kann auch durch ἤ (als) ersetzt werden.

μείζων δὲ ὁ προφητεύων η ὁ λαλῶν γλώσσαις … (1 Kor 14,5) - Größer aber ist der, der prophezeit, als der, der in Zungen redet ...

Es gibt Verben, die mit Genitiv stehen, z. B. ἀκούω, κατηγορέω

… οἱ νεκροὶ ἀκούσουσιν **τῆς φωνῆς** τοῦ υἱοῦ τοῦ θεοῦ … (Joh 5,25) - ... die Toten werden **die Stimme** des Gottessohnes hören …

Dativ

Im Dativ steht das Objekt.

… ἡ γυνὴ καὶ εἶπεν **αὐτω**· (Joh 4,17) - und die Frau sagte **ihm**: * καὶ ἐποίουν χαρὰν μεγάλην **πᾶσιν τοῖς ἀδελφοῖς**. (Apg 15,3) - … und sie bereiteten eine große Freude **allen Brüdern**. * καὶ λέγει **τῷ ἀνθρώπῳ** τω τὴν ξηρὰν χεῖρα **ἔχοντι**· (Mk 3,3) - und er sagte **dem Menschen, der** eine abgezehrte Hand **hatte**:

Außerdem gibt der Dativ folgende Bereiche an:

◦ Vorteil / Nachteil (Dativus commodi / incommodi)

νύμφην κεκοσμημένην **τῷ ἀνδρι** αὐτῆς. (Offb 21,2) - eine Braut, geschmückt **für** ihren **Mann**. / eine **für** ihren **Mann** geschmückte Braut.

◦ Besitz (Dativus possessivus)

τί ὄνομά **σοι**; (Mk 5,9) - Welcher Name [ist] **dir**? Wie heißt du?

◦ Mittel (Dativus instrumentalis)

Ἰούδα, **φιλήματι** τὸν υἱὸν τοῦ ἀνθρώπου παραδίδως; (Lk 22,48) - Judas, übergibst du den Menschensohn **mit einem Kuss**?

◦ Grund (Dativus causae)

ἐγὼ δὲ **λιμῷ** ὧδε ἀπόλλυμαι. (Lk 15,17) - Ich aber gehe **vor Hunger** zugrunde.

◦ Gemeinschaft (Dativus sociativus)

ὁ δὲ Ἰησοῦς ἐπορεύετο σὺν **αὐτοῖς**. (Lk 7,6) - Jesus reiste mit **ihnen**.

◦ Art und Weise (Dativus modi)

θανάτῳ τελευτάτω (Mk 7,10) - er soll **mit dem Tod** bestraft werden * εἶπεν **μεγάλῃ φωνῇ** (Apg 14,10) - er sagte **mit lauter Stimme**

◦ Ort (Dativus loci)

οἱ **ἐν Ἱεροσολύμοις** ἀπόστολοι (Apg 8,14) - die Apostel **in Jerusalem**

◦ Zeit (Dativus temporis)

τῇ ἡμέρᾳ τῇ τρίτῃ ἀναστήσεται. (Lk 18,33) - **am dritten Tag** wird er auferstehen * τί ποιοῦσιν **τοῖς σάββασιν** (Mk 2,24) - was tun sie **am Sabbat**

Akkusativ

Im Akkusativ steht das Objekt.

ὁ γὰρ πατὴρ φιλεῖ **τὸν υἱὸν** (Joh 5,20) - der Vater liebt nämlich **den Sohn** * καὶ οὐδεὶς βάλλει **οἶνον νέον** εἰς ἀσκοὺς παλαιούς· - und niemand gibt **jungen Wein** in alte Schläuche; (Mk 2,22)

Der Akkusativ gibt an:

◦ Ausdehnung

καὶ ἦν **ἡμέρας τρεῖς** μὴ βλέπων (Apg 9,9) - und er sah **drei Tage (lang)** nicht * ἔτι **χρόνον μικρὸν** μεθ' ὑμῶν εἰμι … (Joh 7,33) - noch **kurze Zeit** bin ich bei euch …

◦ Beziehung (Accusativus respectus)

πάντα ὑπέδειξα ὑμῖν … (Apg 20,35) - ich habe euch **in allem / bezüglich aller [Dinge]** gezeigt …

◦ Doppelter Akkusativ

καὶ ἐποίησεν **ἡμᾶς βασιλείαν** (Offb 1,6) - und er hat **uns** zu **einem Königreich** gemacht * Δαυὶδ οὖν **κύριον αὐτὸν** καλεῖ (Lk 20,44) - David nennt **ihn** also **einen Herrn**

Vokativ

Der Vokativ ist der Anredefall. Mitunter steht vor dem Vokativ die Partikel ὦ, die nicht übersetzt werden muss.

Διὸ ἀναπολόγητος εἶ, **ὦ ἄνθρωπε** ... (Röm 2,1) - Deshalb bist du ohne Entschuldigung, **Mensch** ...
ὁ δὲ εἶπεν αὐτῷ· **κύριε**, μετὰ σοῦ ἕτοιμός εἰμι ... (Lk 22,33) - Er aber sagte zu ihm: **Herr**, mit dir bin ich bereit ...

Pronomen

Personalpronomen

	1. P. Sgl.	2. P. Sgl.	3. P. Sgl.		
	ich	du	er	sie	es
Nom.	ἐγώ	σύ	αὐτός	αὐτή	αὐτό (!)
Gen.	ἐμοῦ/μου[1]	σοῦ / σου[1]	αὐτοῦ	αὐτῆς	αὐτοῦ
Dat.	ἐμοῖ / μοι[1]	σοῖ / σοι[1]	αὐτῷ	αὐτῇ	αὐτῷ
Akk.	ἐμέ / με[1]	σέ / σε[1]	αὐτόν	αὐτήν	αὐτό (!)
	1. P. Pl.	2. P. Pl.	3. P. Pl.		
	wir	ihr	sie		
Nom.	ἡμεῖς	ὑμεῖς	αὐτοί	αὐταί	αὐτά
Gen.	ἡμῶν	ὑμῶν	αὐτῶν	αὐτῶν	αὐτῶν
Dat.	ἡμῖν	ὑμῖν	αὐτοῖς	αὐταῖς	αὐτοῖς
Akk.	ἡμᾶς	ὑμᾶς	αὐτούς	αὐτάς	αὐτά

1: enklitisch

Auf Grund der Personalendungen der Verben sind Personalpronomen im Griechischen nicht unbedingt erforderlich. Soll die handelnde Person besonders hervorgehoben werden, steht das Personalpronomen.

Ἐγὼ μὲν ὑμᾶς βαπτίζω ἐν ὕδατι ... (Mt 3,11) - **Ich** allerdings taufe euch mit Wasser ... * ὑμεῖς ἐστε τὸ φῶς τοῦ κόσμου. (Mt 5,14) - **Ihr** seid das Licht der Welt.

Possessivpronomen

Die Possessivpronomen werden nach der o- bzw. a-Deklination gebeugt.

ἐμός, ή, όν - mein   ἡμέτερος, α, ον - unser

σός, ή, όν - dein   ὑμέτερος, α, ον - euer

Das Possessivpronomen kann auch durch ein Personalpronomen, das im Genitiv (Genitivus possessivus) steht, ersetzt werden.

ἐν τῇ οἰκίᾳ **αὐτου** (Mk 2,15) - in **seinem** Haus * ἡ θυγάτηρ **σου** (Mk 5,35) - **deine** Tochter * οἱ πατέρες **ἡμῶν** (1 Kor 10,1) - **unsere** Väter

Interrogativ- und Indefinitpronomen

	wer?	was?	irgendeiner	irgendetwas
			(enklitisch)	
Nom. Sgl.	τίς	τί	τις	τι
Gen. Sgl.	τίνος		τινός	
Dat. Sgl.	τίνι		τινί	
Akk. Sgl.	τίνα	τί	τινά	τι
Nom. Pl.	τίνες	τίνα	τινές	τινά
Gen. Pl.	τίνων		τινῶν	
Dat. Pl.	τίσι(ν)		τισί(ν)	
Akk. Pl.	τίνας	τίνα	τινάς	τινά

Relativpronomen

	welcher / der			jeder, der		
Nom. Sgl.	ὅς	ἥ	ὅ	ὅστις	ἥτις	ὅ τι
Gen. Sgl.	οὗ	ἧς	οὗ	οὗτινος	ἧστινος	οὗτινος
Dat. Sgl.	ᾧ	ᾗ	ᾧ	ᾧτινι	ᾗτινι	ᾧτινι
Akk. Sgl.	ὅν	ἥν	ὅ	ὅντινα	ἥντινα	ὅ τι
Nom. Pl.	οἵ	αἵ	ἅ	οἵτινες	αἵτινες	ἅτινα
Gen. Pl.	ὧν	ὧν	ὧν	ὧντινων	ὧντινων	ὧντινων
Dat. Pl.	οἷς	αἷς	οἷς	οἷστισι(ν)	αἷστισι(ν)	οἷστισι(ν)
Akk. Pl.	οὕς	ἅς	ἅ	οὕστινας	ἅστινας	ἅτινα

Relativischer Satzanschluss

Am Anfang des Hauptsatzes steht ein Relativpronomen, das ein Wort des vorhergehenden Satzes aufgreift und hervorhebt. Das griechische Relativpronomen wird mit einem deutschen Demonstrativpronomen wiedergegeben.

… ἐγεννήθη Μωϋσῆς καὶ ἦν ἀστεῖος τῷ θεῷ· **ὃς** ἀνετράφη μῆνας τρεῖς ἐν τῷ οἴκῳ τοῦ πατρός (Apg 7,20) - … Mose wurde geboren und war Gott wohlgefällig; **dieser** wurde drei Monate im Haus des Vaters erzogen

Demonstrativpronomen

	dieser	diese	dieses
Nom. Sgl.	οὗτος	αὕτη	τοῦτο
Gen. Sgl.	τούτου	ταύτης	τούτου
Dat. Sgl.	τούτῳ	ταύτῃ	τούτῳ
Akk. Sgl.	τοῦτον	ταύτην	τοῦτο

Nom. Pl.	οὗτοι	αὗται	ταῦτα
Gen. Pl.	τούτων	τούτων (!)	τούτων
Dat. Pl.	τούτοις	ταύταις	τούτοις
Akk. Pl.	τούτους	ταύτας	ταῦτα

Reflexivpronomen

	1. Person	2. Person	3. Person
Gen. Sgl.	ἐμαυτοῦ, ῆς	σεαυτοῦ, ῆς	ἑαυτοῦ, ῆς, οῦ
Dat. Sgl.	ἐμαυτῷ, ῇ	σεαυτῷ, ῇ	ἑαυτῷ, ῇ, ῷ
Akk. Sgl.	ἐμαυτόν, ήν	σεαυτόν, ήν	ἑαυτόν, ήν, ό
Gen. Pl.	ἑαυτῶν, ῶν, ῶν		
Dat. Pl.	ἑαυτοῖς, αῖς, οῖς		
Akk. Pl.	ἑαυτούς, άς, ά		

Das Reflexivpronomen ist ein rückbezügliches Pronomen. Es bezieht sich also auf ein Nomen, das bereits genannt wurde.

εἰ σὺ εἶ ὁ βασιλεὺς τῶν Ἰουδαίων, σῶσον **σεαυτόν**. (Lk 23,37) - Wenn du der König der Juden bist, [so] rette **dich (selbst)**. * Βλέπετε δὲ ὑμεῖς **ἑαυτούς**· … (Mk 13,9) - Ihr aber seht **euch**; … * … σὺ περὶ σεαυτου μαρτυρεῖς· … (Joh 8,13) - … Gibst du Zeugnis über **dich**? …

Steht das Reflexivpronomen im Genitiv, so zeigt es den Besitz an (Genitivus possessivus).

καὶ ἐπορεύοντο πάντες ἀπογράφεσθαι, ἕκαστος εἰς τὴν **ἑαυτου** πόλιν. (Lk 2,3) - Und alle reisten, um sich [in die Steuerlisten] eintragen zu lassen, jeder in **seine** Stadt. * οἱ γὰρ τοιοῦτοι τῷ κυρίῳ ἡμῶν Χριστῷ οὐ δουλεύουσιν ἀλλὰ τῇ **ἑαυτων** κοιλίᾳ … (Röm 16,18) - Derartige nämlich dienen nicht unserem Herrn Christus, sondern **ihrem** Bauch …

Gebrauch des Reflexivpronomens im AcI: vgl. S. 65

Gebrauch des Reflexivpronomens im Vergleich zum Medium: vgl. S. 55

αὐτός

Das Pronomen αὐτός kann abhängig von seiner Form und Stellung im Satz verschiedene Funktionen haben:

◦ Personalpronomen der 3. P. Sgl. / Pl.

αὐτὸς λέγει - **er** sagt * **αὐτὴ** λέγει - **sie** sagt * **αὐτῷ** λέγω - ich sage **ihm** *
αὐτοὶ λέγουσιν - **sie** sagen * **αὐτοῖς** λέγω - ich sage **ihnen**

◦ Possessivpronomen der 3. P. Sgl. / Pl. nur im Genitiv

ἡ ἀδελφὴ **αὐτοῦ** - **seine** Schwester * ἡ ἀδελφὴ **αὐτῆς** - **ihre** Schwester * ἡ ἀδελφὴ **αὐτῶν** - **ihre** Schwester, die Schwester **von ihnen**

◦ „selbst“

αὐτός trennt den Artikel und das Substantiv nicht. Es steht hinter oder vor dieser Verbindung.

ὁ ἀδελφὸς **αὐτὸς** λέγει / **αὐτὸς** ὁ ἀδελφὸς λέγει - der Bruder **selbst** sagt

◦ „derselbe“

αὐτός trennt den Artikel vom Substantiv und steht somit zwischen beiden.

ὁ **αὐτὸς** ἀδελφὸς λέγει - **derselbe** Bruder sagt

Steigerung Adjektiv und Adverb

Steigerung des Adjektivs

Regelmäßige Steigerung

Positiv	Komparativ	Superlativ / Elativ
	-τερος, -τέρα, -τερον	-τατος, -τάτη, -τατον
δίκαι-ος, -α, -ον	δικαι-ό-τερος, -α, -ον	δικαι-ό-τατος, -η, -ον
gerecht	gerechter	am gerechtesten / sehr gerecht

Unregelmäßige Steigerung

Positiv	Komparativ	Superlativ / Elativ
	-ων, -ον Gen. Sgl. -ονος[1]	-ιστος, η, ον
ἀγαθός, η, ον gut	κρείσσων, ον / βελτίων, ον	κράτιστος, η, ον
κακός, ή, όν schlecht	χείρων, ον / ἥσσων, ον	κάκιστος, η, ον
καλός, ή, όν schön	καλλίων, ον	κάλλιστος, η, ον

<table>
<tr><td>μέγας, μαγάλη, μέγα
groß</td><td>μείζων, ον</td><td>μέγιστος, η, ον</td></tr>
<tr><td>μικρός, ά, όν
klein</td><td rowspan="2">ἐλάσσων, ον</td><td rowspan="2">ἐλάχιστος, η, ον</td></tr>
<tr><td>ὀλίγος, η, ον
wenig</td></tr>
<tr><td>πολύς, πολλή, πολύ
viel</td><td>πλείων, ον</td><td>πλεῖστος, η, ον</td></tr>
</table>

1: dritte Deklination, ν-Stamm : vgl. S. 20

Beim Komparativ steht der Vergleichspunkt mit ἤ (als) oder im Genitiv (Genitivus comparationis), vgl. S. 23.

Bildung und Steigerung des Adverbs

Adverbien, die sich von Adjektiven ableiten, werden wie folgt gebildet und gesteigert:

Adjektiv	Adverb		
	Positiv	Komparativ	Superlativ / Elativ
	-ως	= Akk. Sgl. n.	= Akk. Pl. n.
δίκαι-ος	δικαί-ως	δικαι-ό-τερον	δικαι-ό-τατα

Andere Adverbbildungen

Adverbien können erstarrte Kasusformen sein (πρωί, σφόδρα, μόνον). Sie können aber auch aus Präpositionen hervorgegangen sein (ἔξω, ἄνωθεν).

Präpositionen

ἀνά	Akk.	über … hin, auf	μετά	Gen.	zwischen, mit
ἀντί	Gen.	an Stelle von, für		Akk.	nach
ἀπό	Gen.	von … weg	μέχρι	Gen.	bis
ἄχρι	Gen.	bis	παρά	Gen.	von ... her
διά	Gen.	durch		Dat.	neben, bei, unter
	Akk.	wegen,		Akk.	vorbei an, neben
εἰς	Akk.	in, an, bei, zu, nach	περί	Gen.	über, für
ἐκ / ἐξ	Gen.	aus ... heraus		Akk.	um ... herum
ἔμπροσθεν	Gen.	vor	πρό	Gen.	vor
ἐν	Dat.	an, in, bei, auf, mit	πρός	Dat.	bei, in der Nähe
ἕνεκεν	Gen.	wegen		Akk.	nach, gegen, bei
ἐνώπιον	Gen.	vor	σύν	Dat.	mit
ἐπάνω	Gen.	über	ὑπέρ	Gen.	für, wegen
ἐπί	Gen.	auf, an, bei, vor		Akk.	über ... hinaus
	Dat.	auf, an, bei	ὑπό	Gen.	von (*beim Pass.*)
	Akk.	über, auf, zu, nach		Akk.	unter
κατά	Gen.	von ... herab, über	χωρίς	Gen.	ohne
	Akk.	durch, gemäß			

Der Dativ gibt meistens einen *Punkt* ● an (lokal, temporal),

der Akkusativ eine *Richtung* ⇨ (auch im übertragenen Sinn).

Bei Verben, die eine Präposition als Vorsilbe haben, überträgt oft die Präposition ihre Bedeutung auf das Verb.

εισ-έρχομαι - hinein-gehen * ἐκ-πορεύομαι - hinaus-gehen * κατα-βάλλω - nieder-werfen * περι-άγω - umher-ziehen

Verb

Übersicht: Endungen

Finites Verb und Imperativ

	finites Verb		Imperativ
	Haupttempus und Konjunktiv	Nebentempus	
Aktiv und Aorist Passiv	-ω / - / -μι	-ν / -	- / -σον[4] / -θι[5]
	-εις[1] / -ς	-ς	-τω
	-ει[1] / -(ν) / -σι(ν)	-(ν)	
	-μεν	-μεν	
	-τε	-τε	-τε
	-σι(ν)	-ν /-σαν	-τωσαν
Medium-Passiv	-μαι	-μην	-ου[3] / -σαι[6] / -σο
	-σαι / -ῃ[2]	-σο / -ου[3]	-σθω
	-ται	-το	
	-μεθα	-μεθα	
	-σθε	-σθε	-σθε
	-νται	-ντο	-σθωσαν

1: Bindevokal enthalten * 2: eigentlich ε-σαι; σ fällt aus, ε und α kontrahieren, ι wird subscribiert * 3: eigentlich ε-σο; σ fällt aus, ε und ο kontrahieren * 4: schw. Aor. Akt. * 5: Wurzelaor. * 6: schw. Aor. Med.

Haupttempora sind die Zeitformen, die ohne Augment gebildet werden: Präsens, Futur, Perfekt.

Nebentempora sind die Zeitformen, die mit Augment gebildet werden: Imperfekt, Aorist, Plusquamperfekt.

Infinitiv

	Präsens	Futur	Aorist	Perfekt
Aktiv	-ειν	-**σ**ειν	-**σαι**	-**κέ**-ναι
Medium	-ε-σθαι	-**σε**-σθαι	-**σα**-σθαι	-σθαι
Passiv		-**θή**-**σε**-σθαι	-**θῆ**-ναι	

Partizip

	Präsens	Futur	Aorist	Perfekt
Aktiv	-ων, οντος -ουσα, ούσης -ον, οντος	-**σ**ων, σοντος -**σ**ουσα, σούσης -**σ**ον, σοντος	-**σας**, σαντος -**σα**σα, σάσης -**σα**ν, σαντος	-**κ**ώς, κότος -**κ**υῖα, κυίας -**κ**ός, κότος
Medium	-ό-μεν-ος -ο-μέν-η -ό-μεν-ον	-**σ**-ό-μεν-ος -**σ**-ο-μέν-η -**σ**-ό-μεν-ον	-**σά**-μεν-ος -**σα**-μέν-η -**σά**-μεν-ον	-μέν-ος -μέν-η -μέν-ον
Passiv		-**θη**-**σ**-ό-μεν-ος -**θη**-**σ**-ο-μέν-η -**θη**-**σ**-ό-μεν-ον	-**θεις**, θέντος -**θεῖ**σα, θείσης -**θέ**ν, θέντος	

Deklination der Partizipien

Alle femininen Partizipien werden nach der a-Deklination gebeugt.

Maskuline und neutrale Partizipien beugen
Präsens, Futur und Aorist Aktiv sowie Aorist Passiv nach der 3. Deklination, ντ-Stamm,
Perfekt Aktiv nach der 3. Deklination, τ-Stamm,
die übrigen Partizipien mit dem Erkennungszeichen -μεν- nach der o-Deklination.

Augment

Das Augment ist bei einem Verb das Zeichen für die Vergangenheit. Dieses gibt es nur bei den Formen im Indikativ.

Augment-Bildung:

Beginnt ein Verb mit einem Konsonanten, tritt vor den Verbstamm ein ε.

γινώσκω → ἐγινώσκον

Beginnt ein Verb mit einem Vokal, bewirkt das Augment die Dehnung dieses Vokals.

α, ε	→	η	ἁγιάζω → ἡγίαζον, ἔρχομαι → ἠρχόμην
ᾳ, αι, ει	→	ῃ	ᾄδω → ᾖδον, αἰσθάνομαι → ᾐσθανόμην, εἰρηνεύω → ᾐρήνευον
αυ, ευ	→	ηυ	αὐξάνω → ηὔξανον, εὐαγγελίζω → ηὐαγγέλιζον
ο	→	ω	ὀργίζομαι → ὠργιζόμην
οι	→	ῳ	οἰκέω → ᾤκουν
ι, υ	→	ι, υ	ἱματίζω → ἱμάτιζον, ὑγιαίνω → ὑγίαινον

Bei zusammengesetzten Verben tritt das Augment zwischen die Vorsilbe und den Verbstamm.

δια-λογιζόμαι → δι-ε-λογιζόμην, παρα-λαμβάνω → παρ-ε-λάμβανον

Beginnt bei zusammengesetzten Verben das Grundverb mit einem Vokal, wird dieser augmentiert.

εἰσ-έρχομαι → εἰσ-ηρχόμην, ἐξ-άγω → ἔξ-ηγον

Reduplikation

Die Reduplikation ist das Erkennungszeichen für das Perfekt.

Bildung der Reduplikation:

Der erste Konsonant des Verbes wird verdoppelt. Zwischen beide Konsonanten tritt ein ε.

λύω → λ-έ-λυκα

Ist der erste Konsonant aspiriert, also angehaucht, tritt der jeweils „harte" Konsonant vor das Verb.

φυλάσσω → π-ε-φύλ… * θεραπεύω → τ-ε-θεράπευ..

Beginnt ein Verb mit mehreren Konsonanten, wird nur redupliziert, wenn nach einem Guttural (κ, γ, χ), Labial (β, π, φ) oder Dental (δ, τ, θ, ζ) ein ρ oder λ folgt, sonst wird nur ein ε davor gesetzt.

βλέπω → βε-βλ… * στέλλω → ἐ-στ…

Beginnt das Verb mit einem Vokal, wird dieser gedehnt.

ἀγαπάω → ἠγάπ… * ὄνομάζω → ὠνόμα… * ἴσχύω → ἰσχύ… * εἰρηνεύω → ᾒ-ρηνευ…

Zusammengesetzte Verben haben die Reduplikation zwischen Vorsilbe und Verb.

ἀναπαύω → ἀνα-πε-παυ...

Verba vocalia

Aktiv

<table>
<tr><th>Präsens</th><th>Indikativ</th><th>Konjunktiv</th><th>Optativ</th><th>Imperativ[1]</th><th>Partizip, Infinitiv</th></tr>
<tr><td>1. P. Sgl.</td><td>λύω</td><td>λύω</td><td>λύοιμι</td><td rowspan="3">λύε
λυέτω</td><td rowspan="3">λύων, οντος
λύουσα, ης
λύον, οντος</td></tr>
<tr><td>2. P. Sgl.</td><td>λύεις</td><td>λύῃς</td><td>λύοις</td></tr>
<tr><td>3. P. Sgl.</td><td>λύει</td><td>λύῃ</td><td>λύοι</td></tr>
<tr><td>1. P. Pl.</td><td>λύομεν</td><td>λύωμεν</td><td>λύοιμεν</td><td rowspan="3">λύετε
λυέτωσαν</td><td rowspan="3">λύειν</td></tr>
<tr><td>2. P. Pl.</td><td>λύετε</td><td>λύητε</td><td>λύοιτε</td></tr>
<tr><td>3. P. Pl.</td><td>λύουσι(ν)</td><td>λύωσι(ν)</td><td>λύοιεν</td></tr>
<tr><th>Imperfekt</th><td colspan="5"></td></tr>
<tr><td>1. P. Sgl.</td><td>ἔλυον[2]</td><td colspan="4" rowspan="6"></td></tr>
<tr><td>2. P. Sgl.</td><td>ἔλυες</td></tr>
<tr><td>3. P. Sgl.</td><td>ἔλυε(ν)</td></tr>
<tr><td>1. P. Pl.</td><td>ἐλύομεν</td></tr>
<tr><td>2. P. Pl.</td><td>ἐλύετε</td></tr>
<tr><td>3. P. Pl.</td><td>ἔλυον</td></tr>
<tr><th>Futur</th><td colspan="5"></td></tr>
<tr><td>1. P. Sgl.</td><td>λύσω</td><td colspan="3" rowspan="6"></td><td rowspan="3">λύσων, οντος
λύσουσα, ης
λύσον, οντος</td></tr>
<tr><td>2. P. Sgl.</td><td>λύσεις</td></tr>
<tr><td>3. P. Sgl.</td><td>λύσει</td></tr>
<tr><td>1. P. Pl.</td><td>λύσομεν</td><td rowspan="3">λύσειν</td></tr>
<tr><td>2. P. Pl.</td><td>λύσετε</td></tr>
<tr><td>3. P. Pl.</td><td>λύσουσι(ν)</td></tr>
<tr><th>Schwacher Aorist[3]</th><td colspan="5"></td></tr>
<tr><td>1. P. Sgl.</td><td>ἔλυσα</td><td>λύσω</td><td>λύσαιμι</td><td rowspan="3">λύσον
λυσάτω</td><td rowspan="3">λύσας, αντος
λύσασα, ης
λῦσαν, αντος</td></tr>
<tr><td>2. P. Sgl.</td><td>ἔλυσας</td><td>λύσῃς</td><td>λύσαις</td></tr>
<tr><td>3. P. Sgl.</td><td>ἔλυσε(ν)</td><td>λύσῃ</td><td>λύσαι</td></tr>
<tr><td>1. P. Pl.</td><td>ἐλύσαμεν</td><td>λύσωμεν</td><td>λύσαιμεν</td><td rowspan="3">λύσατε
λυσάτωσαν</td><td rowspan="3">λῦσαι</td></tr>
<tr><td>2. P. Pl.</td><td>ἐλύσατε</td><td>λύσητε</td><td>λύσαιτε</td></tr>
<tr><td>3. P. Pl.</td><td>ἔλυσαν</td><td>λύσωσι(ν)</td><td>λύσαιεν</td></tr>
<tr><th>Starker Aorist[3]</th><td colspan="5"></td></tr>
<tr><td>1. P. Sgl.</td><td>ἔβαλον</td><td>βάλω</td><td>βάλοιμι</td><td rowspan="3">βάλε
βαλέτω</td><td rowspan="3">βαλών, όντος
βαλοῦσα, ης
βαλόν, όντος</td></tr>
<tr><td>2. P. Sgl.</td><td>ἔβαλες</td><td>βάλῃς</td><td>βάλοις</td></tr>
<tr><td>3. P. Sgl.</td><td>ἔβαλε(ν)</td><td>βάλῃ</td><td>βάλοι</td></tr>
<tr><td>1. P. Pl.</td><td>ἐβάλομεν</td><td>βάλωμεν</td><td>βάλοιμεν</td><td rowspan="3">βάλετε
βαλέτωσαν</td><td rowspan="3">βαλεῖν</td></tr>
<tr><td>2. P. Pl.</td><td>ἐβάλετε</td><td>βάλητε</td><td>βάλοιτε</td></tr>
<tr><td>3. P. Pl.</td><td>ἔβαλον</td><td>βάλωσι(ν)</td><td>βάλοιεν</td></tr>
</table>

Wurzelaorist[3]					
1. P. Sgl.	ἔγνων	γνῶ	γνοίην		γνούς, όντος
2. P. Sgl.	ἔγνως	γνῷς	γνοίης	γνῶθι	γνοῦσα, ης
3. P. Sgl.	ἔγνω	γνῷ	γνοίη	γνώτω	γνόν, όντος
1. P. Pl.	ἔγνωμεν	γνῶμεν	γνοίημεν		
2. P. Pl.	ἔγνωτε	γνῶτε	γνοίητε	γνῶτε	γνῶναι
3. P. Pl.	ἔγνωσαν	γνῶσι(ν)	γνοίησαν	γνώτωσαν	
Perfekt					
1. P. Sgl.	λέλυκα[4]				λελυκώς,ότος
2. P. Sgl.	λέλυκας				λελυκυῖα, ας
3. P. Sgl.	λέλυκε(ν)				λελυκός,ότος
1. P. Pl.	λελύκαμεν				
2. P. Pl.	λελύκατε				λελυκέναι
3. P. Pl.	λελύκασι(ν)				
Plusquamperfekt					
1. P. Sgl.	(ἐ)λελύκειν[5]				
2. P. Sgl.	(ἐ)λελύκεις				
3. P. Sgl.	(ἐ)λελύκει				
1. P. Pl.	(ἐ)λελύκειμεν				
2. P. Pl.	(ἐ)λελύκειτε				
3. P. Pl.	(ἐ)λελύκεισαν				

1: Zur Übersetzung: vgl. S. 61 * 2: Nebenform: λύων ἤμην usw. * 3: Im Griechischen gibt es drei Aorist-Arten, wobei ein Verb nur eine Aorist-Art bildet. a) Schwacher Aorist: Besonderheit ist das Tempuszeichen σα. Er existiert im Aktiv und Medium. b) Starker Aorist: Der Aorist ist so stark, dass er einen eigenen Stamm besitzt. Er wird im Aktiv und Medium gebildet. Verben mit starkem Aorist: vgl. S. 52. c) Wurzelaorist: Der Aoriststamm ist verkürzt, so dass er nur noch aus der Verbwurzel besteht. Den Wurzelaorist gibt es nur im Aktiv. Verben mit Wurzelaorist: vgl. S. 54 * 4: Nebenform: λελυκὼς εἰμί usw. * 5: Nebenform: λελυκὼς ἤμην usw.

Medium-Passiv

Präsens Med.-Pass.	Indikativ	Konjunktiv	Optativ	Imperativ[1]	Partizip, Infinitiv
1. P. Sgl.	λύομαι	λύωμαι	λυοίμην	λύου λυέσθω	λυόμενος, ου λυομένη, ης λυόμενον, ου
2. P. Sgl.	λύῃ	λύῃ	λύοιο		
3. P. Sgl.	λύεται	λύηται	λύοιτο		
1. P. Pl.	λυόμεθα	λυώμεθα	λυοίμεθα	λύεσθε λυέσθωσαν	λύεσθαι
2. P. Pl.	λύεσθε	λύησθε	λύοισθε		
3. P. Pl.	λύονται	λύωνται	λύοιντο		
Imperfekt Med.-Pass.					
1. P. Sgl.	ἐλυόμην[2]				
2. P. Sgl.	ἐλύου				
3. P. Sgl.	ἐλύετο				
1. P. Pl.	ἐλυόμεθα				
2. P. Pl.	ἐλύεσθε				
3. P. Pl.	ἐλύοντο				
Futur Medium					
1. P. Sgl.	λύσομαι				λύσομενος, ου λυσομένη, ης λυσόμενον, ου
2. P. Sgl.	λύσῃ				
3. P. Sgl.	λύσεται				
1. P. Pl.	λυσόμεθα				λύσεσθαι
2. P. Pl.	λύσεσθε				
3. P. Pl.	λύσονται				
Futur Passiv					
1. P. Sgl.	λυθήσομαι				λυθησόμενος,ου λυθησομένη, ης λυθησόμενον,ου
2. P. Sgl.	λυθήσῃ				
3. P. Sgl.	λυθήσεται				
1. P. Pl.	λυθησόμεθα				λυθήσεσθαι
2. P. Pl.	λυθήσεσθε				
3. P. Pl.	λυθήσονται				
Schwacher Aor.[3] Med.					
1. P. Sgl.	ἐλυσάμην	λύσωμαι	λυσαίμην	λύσαι λυσάσθω	λυσάμενος, ου λυσαμένη, ης λυσάμενον, ου
2. P. Sgl.	ἐλύσω[4]	λύσῃ	λύσαιο		
3. P. Sgl.	ἐλύσατο	λύσηται	λύσαιτο		
1. P. Pl.	ἐλυσάμεθα	λυσώμεθα	λυσαίμεθα	λύσασθε λυσάσθωσαν	λύσασθαι
2. P. Pl.	ἐλύσασθε	λύσησθε	λύσαισθε		
3. P. Pl.	ἐλύσαντο	λύσωνται	λύσαιντο		

Starker Aor.[3] Med.					
1. P. Sgl.	ἐβαλόμην	βάλωμαι	βαλοίμην	βαλοῦ βαλέσθω	βαλόμενος, ου βαλομένη, ης βαλόμενον, ου
2. P. Sgl.	ἐβάλου	βάλῃ	βάλοιο		
3. P. Sgl.	ἐβάλετο	βάληται	βάλοιτο		
1. P. Pl.	ἐβαλόμεθα	βαλώμεθα	βαλοίμεθα	βάλεσθε βαλέσθωσαν	βαλέσθαι
2. P. Pl.	ἐβάλεσθε	βάλησθε	βάλοισθε		
3. P. Pl.	ἐβάλοντο	βάλωνται	βάλοιντο		
Aorist[3] Pass.					
1. P. Sgl.	ἐλύθην	λυθῶ	λυθείην	λύθητι λυθήτω	λυθείς, θεντος λυθεῖσα, ης λυθέν, θεντος
2. P. Sgl.	ἐλύθης	λυθῇς	λυθείης		
3. P. Sgl.	ἐλύθη	λυθῇ	λυθείη		
1. P. Pl	ἐλύθημεν	λυθῶμεν	λυθείημεν	λύθητε λυθήτωσαν	λυθῆναι
2. P. Pl.	ἐλύθητε	λυθῆτε	λυθείητε		
3. P. Pl.	ἐλύθησαν	λυθῶσι(ν)	λυθείησαν		
Perfekt Med.-Pass.					
1. P. Sgl.	λέλυμαι[5]				λελυμένος, ου λελυμένη, ης λελυμένον, ου
2. P. Sgl.	λέλυσαι				
3. P. Sgl.	λέλυται				
1. P. Pl.	λελύμεθα				λελῦσθαι
2. P. Pl.	λέλυσθε				
3. P. Pl.	λέλυνται				
Plus. Med.-Pass.					
1. P. Sgl.	(ἐ)λελύμην[6]				
2. P. Sgl.	(ἐ)λέλυσο				
3. P. Sgl.	(ἐ)λέλυτο				
1. P. Pl.	(ἐ)λελύμεθα				
2. P. Pl.	(ἐ)λέλυσθε				
3. P. Pl.	(ἐ)λέλυντο				

1: Zur Übersetzung: vgl. S. 61 * 2: Nebenform: λυόμενος ἦμην usw. * 3: vgl. Fußnote 3, S. 38 * 4: eigentlich ἐλύσα-σο; σ fällt aus, α und ο kontrahieren * 5: Nebenform: λελυμένος εἰμί usw. * 6: Nebenform: λελυμένος ἦμην usw.

Aufbau der Stammformen

Es wird in allen Tempora immer die 1. P. Sgl. im Indikativ angegeben.

Präsens Akt.	Futur Akt.	Aorist Akt.	Perfekt Akt.
		Aorist Pass.	Perfekt Med.-Pass

λύω	λύσω	ἔλυσα	λέλυκα
lösen		ἐλύθην	λέλυμαι

Verba contracta

Der Verbstamm endet mit einem Vokal.

νικά-ω λαλέ-ω τελειό-ω

In allen Formen des Präsens und Imperfektes kontrahiert dieser Vokal mit der Personalendung.

νικῶ λαλῶ τελειῶ

νικᾷς λαλεῖς τελειοῖς

usw.

Kontraktionsregeln:

Verben auf -άω

α + E-Laut = α
α + O-Laut = ω

Verben auf -έω

ε + langer Vokal / Diphthong = langer Vokal / Diphthong
ε + ε = ει
ε + ο = ου

Verben auf -όω

ο + ο / ε / ου = ου
ο + ι-Diphthong = οι
ο + ω / η = ω

Tipp: Die meisten kontrahierten Formen erkennt man am Zirkumflex.

In den anderen Zeitformen wird der Endvokal des Verbstammes gedehnt.

νική-σ-ω λαλή-σ-ω τελειώ-σ-ω

Verben auf -άω

Aktiv	Ind. Präsens	Konj. Präsens	Imperfekt
1. P. Sgl.	νικῶ	νικῶ	ἐνίκων
2. P. Sgl.	νικᾷς	νικᾷς	ἐνίκας
3. P. Sgl.	νικᾷ	νικᾷ	ἐνίκα
1. P. Pl.	νικῶμεν	νικῶμεν	ἐνικῶμεν
2. P. Pl.	νικᾶτε	νικᾶτε	ἐνικᾶτε
3. P. Pl.	νικῶσι(ν)	νικῶσι(ν)	ἐνίκων
Infinitiv	νικᾶν[1]		
Partizip	νικῶν, ῶντος, νικῶσα, ώσης, νικῶν, ῶντος		
Imperativ	νίκα, νικάτω, νικᾶτε, νικάτωσαν		
Medium-Passiv			
1. P. Sgl.	νικῶμαι	νικῶμαι	ἐνικώμην
2. P. Sgl.	νικᾷ	νικᾷ	ἐνικῶ
3. P. Sgl.	νικᾶται	νικᾶται	ἐνικᾶτο
1. P. Pl.	νικώμεθα	νικώμεθα	ἐνικώμεθα
2. P. Pl.	νικᾶσθε	νικᾶσθε	ἐνικᾶσθε
3. P. Pl.	νικῶνται	νικῶνται	ἐνικῶντο
Infinitiv	νικᾶσθαι		
Partizip	νικώμενος, η, ον		
Imperativ	νικῶ, νικάσθω, νικᾶσθε, νικάσθωσαν		

1: ι entfällt bei der Kontraktion

Verben auf -έω

Aktiv	Ind. Präsens	Konj. Präsens	Imperfekt
1. P. Sgl.	λαλῶ	λαλῶ	ἐλάλουν
2. P. Sgl.	λαλεῖς	λαλῇς	ἐλάλεις
3. P. Sgl.	λαλεῖ	λαλῇ	ἐλάλει
1. P. Pl.	λαλοῦμεν	λαλῶμεν	ἐλαλοῦμεν
2. P. Pl.	λαλεῖτε	λαλῆτε	ἐλαλεῖτε
3. P. Pl.	λαλοῦσι(ν)	λαλῶσι(ν)	ἐλάλουν
Infinitiv	λαλεῖν		
Partizip	λαλῶν, οῦντος, λαλοῦσα, σης, λαλοῦν, οῦντος		
Imperativ	λάλει, λαλείτω, λαλεῖτε, λαλείτωσαν		

Medium-Passiv			
1. P. Sgl.	λαλοῦμαι	λαλῶμαι	ἐλαλούμην
2. P. Sgl.	λαλῇ	λαλῇ	ἐλαλοῦ
3. P. Sgl.	λαλεῖται	λαλῆται	ἐλαλεῖτο
1. P. Pl.	λαλούμεθα	λαλώμεθα	ἐλαλούμεθα
2. P. Pl.	λαλεῖσθε	λαλῆσθε	ἐλαλεῖσθε
3. P. Pl.	λαλοῦνται	λαλῶνται	ἐλαλοῦντο
Infinitiv	λαλεῖσθαι		
Partizip	λαλούμενος, η, ον		
Imperativ	λαλοῦ, λαλείσθω, λαλεῖσθε, λαλείσθωσαν		

Verben auf -όω

Aktiv	Ind. Präsens	Konj. Präsens	Imperfekt
1. P. Sgl.	τελειῶ	τελειῶ	ἐτειλείουν
2. P. Sgl.	τελειοῖς	τελειοῖς	ἐτειλείους
3. P. Sgl.	τελειοῖ	τελειοῖ	ἐτειλείου
1. P. Pl.	τελειοῦμεν	τελειῶμεν	ἐτειλειοῦμεν
2. P. Pl.	τελειοῦτε	τελειῶτε	ἐτειλειοῦτε
3. P. Pl.	τελειοῦσι(ν)	τελειῶσι(ν)	ἐτειλείουν
Infinitiv	τελειοῦν		
Partizip	τελειῶν, οῦντος, τελειοῦσα, ούσης, τελειοῦν, οῦντος		
Imperativ	τελείου, τελειούτω, τελειοῦτε, τελειούτωσαν		
Medium-Passiv			
1. P. Sgl.	τελειοῦμαι	τελειῶμαι	ἐτειλειούμην
2. P. Sgl.	τελειοῖ	τελειοῖ	ἐτειλειοῦ
3. P. Sgl.	τελειοῦται	τελειῶται	ἐτειλειοῦτο
1. P. Pl.	τελειούμεθα	τελειώμεθα	ἐτειλειούμεθα
2. P. Pl.	τελειοῦσθε	τελειῶσθε	ἐτειλειοῦσθε
3. P. Pl.	τελειοῦνται	τελειῶνται	ἐτειλειοῦντο
Infinitiv	τελειοῦσθαι		
Partizip	τελειούμενος, η, ον		
Imperativ	τελειοῦ, τελειούσθω, τελειοῦσθε, τελειούσθωσαν		

Stammformen

λαλέω	λαλήσω	ἐλάλησα	λελάληκα
reden, sagen, predigen		ἐλαλήθην	λελάλημαι

νικάω	νικήσω	ἐνίκησα	νενίκηκα
(be)siegen		ἐνικήθην	νενίκημαι

τελειόω	τελειώσω	ἐτελείωσα	τετελείωκα
vollenden		ἐτελειώθην	τετελείωμαι

Verba muta

Der Präsensstamm endet auf einen Konsonanten, der ohne Stimme (lat.: mutus = stumm) gesprochen wird.

Lautveränderungen:

	+ μ	+ σ	+ τ	+ θ	+ κ
Dentale: δ, τ, θ, ζ[1]	σμ	-σ	στ	σθ	κ
Gutturale: κ, γ, χ, σσ[2], ζ[3]	γμ	ξ	κτ	χθ	χ
Labiale: β, π, φ, πτ[4]	μμ	ψ	πτ	φθ	φ

1-4: Auslaut des ursprünglichen Präsensstammes:
1: δ + j = ζ * 2: κ / χ + j = σσ * 3: γ + j = ζ * 4: β, π, φ + j = πτ

Stammformen

Dentalstamm

πείθω	πείσω	ἔπεισα	πέπεικα
überreden, überzeugen		ἐπείσθην	πέπεισμαι

Gutturalstamm

διώκω	διώξω	ἐδίωξα	δεδίωχα
(ver)folgen		ἐδιώχθην	δεδίωγμαι

Labialstamm

κρύπτω	κρύψω	ἔκρυψα	κέκρυφα
verbergen		ἐκρύφθην	κέκρυμμαι

Umschreibung der 3. P. Pl. Perfekt und Plusquamperfekt Medium-Passiv:

Part. Perf. Med. / Pass. + εἰσίν / ἦσαν

Verben, die auf -ίζω enden, haben ein kontrahiertes Futur:

ἐλπίζω → ἐλπιῶ (ἐλπιέ-ω)

Verba liquida

Der Stamm dieser Verben endet auf einen Flusslaut: λ, ν oder ρ.

Besonderheit: Der Verbalstamm entspricht nicht dem Präsensstamm.

Verbalstamm	Präsensstamm	Futur	Aorist
ἀγγελ-	ἀγγέλλ-ω	ἀγγελ-ῶ	ἤγγειλ-α
ἐγερ-	ἐγείρ-ω	ἐγερ-ῶ	ἤγειρ-α
φαν-	φαίν-ω	φαν-ῶ	ἔφαν-α
κρίν-	κρίν-ω	κρίν-ῶ	ἔκριν-α
		Verbalstamm + Endung der Verba contracta auf -εω	Dehnung der letzten Stammsilbe (ε→ει; α→α; ι→ι) Ausfall des σ

Stammformen

ἀγγέλλω	ἀγγελῶ	ἤγγειλα	ἤγγελκα
melden, berichten, verkünden		ἠγγέλην	ἤγγελμαι

φαίνω	φανῶ	ἔφανα	πέφαγκα
scheinen, leuchten		ἐφάνθην	πέφασμαι

μι-Verben

Große μι-Verben

Die Besonderheiten der vier Großen μι-Verben sind die Reduplikation im Präsens und das Tempuszeichen κα im den Aorist (außer ἵστημι).

Stammformen

δίδωμι	δώσω	ἔδωκα	δέδωκα
geben Stämme: δω, δο		ἐδόθην	δέδομαι

τίθημι	θήσω	ἔθηκα	τέθεικα
setzen, stellen, legen Stämme: θη, θει, τε		ἐτέθην	τέθειμαι

ἵημι	ἥσω	ἧκα	εἷκα
senden Stämme: ἡ, ἑ		ἕθην	ἕωμαι

ἵστημι	στήσω	ἔστησα
stellen		ἐστάθην

Stämme: στη, στα

ἵσταμαι	στήσομαι	ἔστην	ἕστηκα
treten		(Wurzelaorist!)	stehen

Präsens, Imperfekt und Aorist Aktiv

	δίδωμι	τίθημι	ἵημι	ἵστημι
Ind. Präs.				
1. P. Sgl.	δίδωμι	τίθημι	ἵημι	ἵστημι
2. P. Sgl.	δίδως	τίθης	ἵης	ἵστης
3. P. Sgl.	δίδωσι(ν)	τίθησι(ν)	ἵησι(ν)	ἵστησι(ν)
1. P. Pl.	δίδομεν	τίθεμεν	ἵεμεν	ἵσταμεν
2. P. Pl.	δίδοτε	τίθετε	ἵετε	ἵστατε
3. P. Pl.	διδόασι(ν)	τιθέασι(ν)	ἱᾶσι(ν)	ἱστᾶσι(ν)
Infinitiv	διδόναι	τιθέναι	ἱέναι	ἱστάναι
Imperat.Sgl.	δίδου διδότω	τίθει τιθέτω	ἵει ἱέτω	ἵστη ἱστάτω
Imperat. Pl.	δίδοτε διδότωσαν	τίθετε τιθέτωσαν	ἵετε ἱέτωσαν	ἵστατε ἱστάτωσαν
Partizip	διδούς, όντος διδοῦσα, ης διδόν, όντος	τιθείς, έντος τιθεῖσα, ης τιθέν, έντος	ἱείς, έντος ἱεῖσα, ης ἱέν, έντος	ἱστάς, άντος ἱστᾶσα, ης ἱστάν, άντος
Konj. Präs.				
1. P. Sgl.	διδῶ	τιθῶ	ἱῶ	ἱστῶ
2. P. Sgl.	διδῷς	τιθῇς	ἱῇς	ἱστῇς
3. P. Sgl.	διδῷ	τιθῇ	ἱῇ	ἱστῇ
1. P. Pl.	διδῶμεν	τιθῶμεν	ἱῶμεν	ἱστῶμεν
2. P. Pl.	διδῶτε	τιθῆτε	ἱῆτε	ἱστῆτε
3. P. Pl.	διδῶσι(ν)	τιθῶσι(ν)	ἱῶσι(ν)	ἱστῶσι(ν)
Imperfekt				
1. P. Sgl.	ἐδίδουν	ἐτίθην	ἵειν	ἵστην
2. P. Sgl.	ἐδίδους	ἐτίθεις	ἵεις	ἵστης

3. P. Sgl.	ἐδίδου	ἐτίθει	ἵει	ἵστη
1. P. Pl.	ἐδίδομεν	ἐτίθεμεν	ἵεμεν	ἵσταμεν
2. P. Pl.	ἐδίδοτε	ἐτίθετε	ἵετε	ἵστατε
3. P. Pl.	ἐδίδοσαν / ἐδίδουν	ἐτίθεσαν / ἐτίθουν	ἵεσαν	ἵστασαν
Ind. Aorist				
1. P. Sgl.	ἔδωκα	ἔθηκα	ἧκα	ἔστησα
2. P. Sgl.	ἔδωκας	ἔθηκας	ἧκας	weiter wie schwacher Aorist
3. P. Sgl.	ἔδωκε(ν)	ἔθηκε(ν)	ἧκε(ν)	
1. P. Pl.	ἐδώκαμεν	ἐθήκαμεν	ἥκαμεν	
2. P. Pl.	ἐδώκατε	ἐθήκατε	ἥκατε	
3. P. Pl.	ἔδωκαν	ἔθηκαν	ἧκαν	
Infinitiv	δοῦναι	θεῖναι	εἷναι	
Imperat. Sgl.	δός δότω	θές θέτω	ἕς ἕτω	
Imperat. Pl.	δότε δότωσαν	θέτε θέτωσαν	ἕτε ἕτωσαν	
Partizip	δούς, όντος δοῦσα, ης δόν, όντος	θείς, έντος θεῖσα, ης θέν, έντος	εἵς, ἕντος εἷσα, ης ἕν, ἕντος	
Konj. Aor.				
1. P. Sgl.	δῶ	θῶ	ὧ	
2. P. Sgl.	δῷς / δοῖς	θῇς	ᾗς	
3. P. Sgl.	δῷ / δοῖ / δώῃ	θῇ	ᾗ	
1. P. Pl.	δῶμεν	θῶμεν	ὧμεν	
2. P. Pl.	δῶτε	θῆτε	ἧτε	
3. P. Pl.	δῶσι(ν)	θῶσι(ν)	ὧσι(ν)	

Präsens und Imperfekt Medium-Passiv

	δίδωμι	τίθημι	ἵημι	ἵστημι
Ind. Präs.				
1. P. Sgl.	δίδομαι	τίθεμαι	ἵεμαι	ἵσταμαι
2. P. Sgl.	δίδοσαι	τίθεσαι	ἵεσαι	ἵστασαι
3. P. Sgl.	δίδοται	τίθεται	ἵεται	ἵσταται
1. P. Pl.	διδόμεθα	τιθέμεθα	ἱέμεθα	ἱστάμεθα

2. P. Pl.	δίδοσθε	τίθεσθε	ἵεσθε	ἵστασθε
3. P. Pl.	δίδονται	τίθενται	ἵενται	ἵστανται
Infinitiv	δίδοσθαι	τίθεσθαι	ἵεσθαι	ἵστασθαι
Imperat. Sgl.	δίδοσο διδόσθω	τίθεσο τιθέσθω	ἵεσο ἱέσθω	ἵστασο ἱστάσθω
Imperat. Pl.	δίδοσθε διδόσθωσαν	τίθεσθε τιθέσθωσαν	ἵεσθε ἱέσθωσαν	ἵστασθε ἱστάσθωσαν
Partizip	διδόμενος,η,ον	τιθέμενος,η,ον	ἱέμενος,η,ον	ἱστάμενος,η,ον
Konj. Präs.				
1. P. Sgl.	διδῶμαι	τιθῶμαι	ἱῶμαι	ἱστῶμαι
2. P. Sgl.	διδῷ	τιθῇ	ἱῇ	ἱστῇ
3. P. Sgl.	διδῶται	τιθῆται	ἱῆται	ἱστῆται
1. P. Pl.	διδώμεθα	τιθώμεθα	ἱώμεθα	ἱστώμεθα
2. P. Pl.	διδῶσθε	τιθῆσθε	ἱῆσθε	ἱστῆσθε
3. P. Pl.	διδῶνται	τιθῶνται	ἱῶνται	ἱστῶνται
Imperfekt				
1. P. Sgl.	ἐδιδόμην	ἐτιθέμην	ἱέμην	ἱστάμην
2. P. Sgl.	ἐδίδοσο	ἐτίθεσο	ἵεσο	ἵστασο
3. P. Sgl.	ἐδίδετο	ἐτίθετο	ἵετο	ἵστατο
1. P. Pl.	ἐδιδόμεθα	ἐτιθέμεθα	ἱέμεθα	ἱστάμεθα
2. P. Pl.	ἐδίδοσθε	ἐτίθεσθε	ἵεσθε	ἵστασθε
3. P. Pl.	ἐδίδοντο	ἐτίθεντο	ἵεντο	ἵσταντο

Aorist Medium

	δίδωμι	τίθημι	ἵημι
Ind. Aorist			
1. P. Sgl.	ἐδόμην	ἐθέμην	εἵμην
2. P. Sgl.	ἔδου	ἔθου	εἷσο
3. P. Sgl.	ἔδετο	ἔθετο	εἷτο
1. P. Pl.	ἐδόμεθα	ἐθέμεθα	εἵμεθα
2. P. Pl.	ἔδοσθε	ἔθεσθε	εἷσθε
3. P. Pl.	ἔδοντο	ἔθεντο	εἷντο
Infinitiv	δόσθαι	θέσθαι	ἕσθαι
Imperat. Sgl.	δοῦ δόσθω	θοῦ θέσθω	οὗ ἕσθω

Imperat. Pl.	δόσθε δόσθωσαν	θέσθε θέσθωσαν	ἕσθε ἕσθωσαν
Partizip	δόμενος, η, ον	θέμενος, η, ον	ἕμενος,η,ον
Konj. Aor.			
1. P. Sgl.	δῶμαι	θῶμαι	ὧμαι
2. P. Sgl.	δῷ	θῇ	ᾗ
3. P. Sgl.	δῶται	θῆται	ἧται
1. P. Pl.	δώμεθα	θώμεθα	ὥμεθα
2. P. Pl.	δῶσθε	θῆσθε	ἧσθε
3. P. Pl.	δῶνται	θῶνται	ὧνται

Kleine μι-Verben

Verben auf -νυμι

Sie werden nur im Präsens und Imperfekt wie die Großen μι-Verben (vgl. S. 46ff.) gebeugt.

δείκνυμι	δείξω	ἔδειξα	δέδειχα
zeigen		ἐδείχθην	δέδειγμαι

εἰμί

	Ind. Präs.	Konj.Präs.	Opt.Präs.	Imperf.	Futur
1. P. Sgl.	εἰμί	ὦ	εἴην	ἤμην	ἔσομαι
2. P. Sgl.	εἶ	ἦς	εἴης	ἦς	ἔσῃ
3. P. Sgl.	ἐστί(ν)	ἦ	εἴη	ἦν	ἔσται (!)
1. P. Pl.	ἐσμέν	ὦμεν	εἴημεν	ἤμεθα	ἐσόμεθα
2. P. Pl.	ἐστέ	ἦτε	εἴητε	ἦτε	ἔσεσθε
3. P. Pl.	εἰσί(ν)	ὦσι(ν)	εἴησαν	ἦσαν	ἔσονται
Infinitiv	εἶναι				
Imp. Sgl.	ἴσθι ἔστω				
Imp. Pl.	ἔστε ἔστωσαν				
Partizip	ὤν, ὄντος οὖσα, οὔσης ὄν, ὄντος				

Bis auf εἶ sind alle Formen im Indikativ Präsens enklitisch. Werden die Formen als Vollverb im Sinne von *existieren, leben, da sein* verwendet, sind sie betont.

φημί

In der Koine kommen vorwiegend folgende Formen des Verbes vor:

φημί - ich sage; φησί(ν) - er, sie, es sagt; φασί(ν) - sie sagen; ἔφη - er, sie, es sagte; φάναι - sagen; φάσκων, φάσκοντος - sagend

οἶδα

Das Verb οἶδα ist eine alte Perfektform, die ursprünglich vom Aorist εἶδον (ὁράω = sehen) stammt. Auf Grund des resultativen Charakters des Perfekts wird οἶδα mit *wissen* im Sinne von *gesehen haben* im Präsens übersetzt. Das Plusquamperfekt wird dementsprechend mit dem deutschen Präteritum wiedergegeben.

	Ind. Präs.	Imperf.	Konj.	Imperat.	Part., Inf.
1. P. Sgl.	οἶδα	ᾔδειν	εἰδῶ	ἴσθι ἴστω	εἰδώς, ότος εἰδυῖα, ας εἰδός, ότος
2. P. Sgl.	οἶδας	ᾔδεις	εἰδῇς		
3. P. Sgl.	οἶδε(ν)	ᾔδει	εἰδῇ		
1. P. Pl.	οἴδαμεν	ᾔδειμεν	εἰδῶμεν	ἴστε ἴστωσαν	εἰδέναι
2. P. Pl.	οἴδατε	ᾔδειτε	εἰδῆτε		
3. P. Pl.	οἴδασι(ν)	ᾔδεισαν	εἰδῶσι(ν)		

Verben mit starkem Aorist

Präsens	st. Aorist	
ἄγω	ἤγαγον	führen
αἱρέω	εἷλον	nehmen
ἁμαρτάνω	ἥμαρτον	sündigen
ἀποθνῄσκω	ἀπέθανον	sterben
βάλλω	ἔβαλον	werfen
γίνομαι	ἐγενόμην	entstehen
ἐπιλανθάν-ομαι	ἐπελαθό-μην	vergessen
ἔρχομαι	ἦλθον[1]	kommen
ἐσθίω	ἔφαγον	essen
εὑρίσκω	εὗρον	finden
ἔχω	ἔσχον	haben
λαμβάνω	ἔλαβον	nehmen
λέγω	εἶπον[1]	sagen

Präsens	st. Aorist	
λείπω	ἔλιπον	lassen
μανθάνω	ἔμαθον	lernen
ὁράω	εἶδον	sehen
πάσχω	ἔπαθον	leiden
περιτέμνω	περιέτεμον	beschneiden
πίνω	ἔπιον	trinken
πίπτω	ἔπεσον	fallen
τίκτω	ἔτεκον	gebären
τρέχω	ἔδραμον	laufen
τυγχάνω	ἔτυχον	erlangen
φέρω	ἤνεγκον	tragen
φεύγω	ἔφυγον	fliehen

Gelegentlich vermischen sich der starke und der schwache Aorist, so dass εἶπαν (u.a. Apg 10,22. Joh 4,17), εἴπατε (u.a. Lk 20,3) ἦλθαν (u.a. Lk 2,16. Joh 1,39) usw. entstehen.

Häufig vorkommende Stammformen mit starkem Aorist

ἄγω	ἄξω	ἤγαγον	ἦχα
führen, treiben, bringen		ἤχθην	ἦγμαι
ἀκούω	ἀκούσω	ἤκουσα	ἀκήκοα
hören		ἠκούσθην	ἤκουσμαι
ἁμαρτάνω	ἁμαρτήσω	ἥμαρτον	ἡμάρτηκα
sündigen		ἡμαρτήθην	ἡμάρτημαι
ἀποθνῄσκω	ἀποθανοῦμαι	ἀπέθανον	τέθνηκα
sterben			
βάλλω	βαλῶ	ἔβαλον	βέβληκα
werfen		ἐβλήθην	βέβλημαι
γίνομαι	γενήσομαι	ἐγενόμην	γέγονα
werden, geschehen		ἐγενήθην	γεγένημαι
ἔρχομαι	ἐλεύσομαι	ἦλθον	ἐλήλυθα
kommen			
εὑρίσκω	εὑρήσω	εὗρον	εὕρηκα
finden		εὑρέθην	εὕρημαι
ἔχω	ἕξω	ἔσχον	ἔσχηκα
haben, halten; *Imperf.:* εἶχον			ἔσχημαι
λαμβάνω	λήμψομαι	ἔλαβον	εἴληφα
nehmen		ἐλήμφθην	εἴλημμαι
λέγω	ἐρῶ	εἶπον	εἴρηκα
sagen		ἐρρέθην	εἴρημαι

λείπω	λείψω	ἔλιπον	λέλοιπα
lassen		ἐλείφθην	λέλειμμαι

μανθάνω	μαθήσομαι	ἔμαθον	μεμάθηκα
lernen			

ὁράω	ὄψομαι	εἶδον	ἑώρακα
sehen		ὤφθην	ἑώραμαι

πάσχω	πείσομαι	ἔπαθον	πέπονθα
(er)leiden			

πίπτω	πεσοῦμαι	ἔπεσον	πέπτωκα
fallen			

τίκτω	τέξομαι	ἔτεκον	τέτοκα
hervorbringen, gebären		ἐτέχθην	

φέρω	οἴσω	ἤνεγκον	ἐνήνοχα
tragen, bringen		ἠνέχθην	ἐνήνεγμαι

Verben mit Wurzelaorist

Präsens	Wurzelaorist	
βαίνω	ἔβην	gehen
γινώσκω	ἔγνων	erkennen
χαίρω	ἐχάρην	sich freuen
δύνω	ἔδυν	untergehen
ἵσταμαι	ἔστην	sich stellen

Genera verbi: Aktiv – Medium – Passiv

Aktiv
Das Subjekt ist der „Täter“ der Handlung, das Objekt ist das „Opfer“ der Handlung.

οἱ γεωργοὶ … αὐτὸν **ἐξέβαλον** ἔξω τοῦ ἀμπελῶνος καὶ **ἀπέκτειναν**. (Mt 21,38-39) - Die Bauern … **warfen** ihn aus dem Weinberg und **töteten** ihn.

Passiv
Das Subjekt ist das „Opfer“ der Handlung, ὑπό mit Genitiv gibt den „Täter“ der Handlung an.

Πάντα μοι **παρεδόθη** ὑπο τοῦ πατρός μου (Mt 11,27) - Alles **wurde** mir von meinem Vater **gegeben**

Medium
Das Subjekt ist zugleich der „Täter“ und das „Opfer“ der Handlung

Es gibt zwei Übersetzungsvarianten:

◦ direkt-reflexiv

Καὶ **συνάγονται** πρὸς αὐτὸν οἱ Φαρισαῖοι … (Mk 7,1) - Und die Pharisäer **versammelten sich** bei ihm …

◦ indirekt-reflexiv (Frage: für wen?)

… **ᾐτήσασθε** ἄνδρα φονέα χαρισθῆναι ὑμῖν, (Apg 3,14) - … **ihr habt für euch gefordert**, dass euch ein Mann, ein Mörder, gegeben wird …

Da die medialen und passivischen Formen identisch sind, muss oft auf Grund des Kontextes entschieden werden, wie die entsprechende Form zu übersetzen ist.

Ersetzt werden kann das Medium auch durch eine aktive Form mit Reflexivpronomen.

εἰ σὺ εἶ ὁ βασιλεὺς τῶν Ἰουδαίων, σῶσον **σεαυτόν**. (Lk 23,37) - Wenn du der König der Juden bist, [so] rette **dich (selbst)**. * Βλέπετε δὲ ὑμεῖς **ἑαυτούς**· … (Mk 13,9) - Ihr aber seht **euch**; …

Deponens

Ein Deponens ist ein Verb, das im Griechischen seine aktivischen Endungen abgelegt hat und nur medial-passivische Endungen besitzt. Es wird jedoch nur aktivisch übersetzt.

ἔρχομαι - kommen * ψεύδομαι - lügen * ἐπίσταμαι - wissen, verstehen, kennen

Tempora und Aspekte

Präsens

Das Präsens drückt aus:

◦ Gegenwärtiges

… ἐγὼ μὲν ὕδατι βαπτίζω ὑμᾶς· … (Lk 3,16) - … ich taufe euch mit Wasser …

◦ Allgemeingültiges

ὑμεῖς ἐστε τὸ ἅλας τῆς γῆς· (Mt 5,13) - Ihr seid das Salz der Erde. * οὐκ ἔστιν δοῦλος μείζων τοῦ κυρίου αὐτοῦ. (Joh 15,20) - Ein Diener ist nicht größer als sein Herr.

◦ Zukünftiges

Übersetzung ins Deutsche: Präsens / Futur

ἀλλὰ ἔρχεται ὥρα καὶ νῦν ἐστιν, ὅτε οἱ ἀληθινοὶ προσκυνηταὶ προσκυνήσουσιν τῷ πατρὶ … (Joh 4,23) - Aber es kommt / wird die Stunde kommen und sie ist jetzt schon da, in der die wahren Verehrer den Vater anbeten (werden) …

◦ Vergangenes (Historisches Präsens)

Übersetzung ins Deutsche: Präteritum / Perfekt

Καὶ ἦσαν οἱ μαθηταὶ Ἰωάννου καὶ οἱ Φαρισαῖοι νηστεύοντες. καὶ **ἔρχονται** καὶ **λέγουσιν** αὐτῷ· (Mk 2,18) - Und die Jünger des Johannes und die Pharisäer fasteten. Und sie **kamen** und **sagten** ihm:

Imperfekt

Das Imperfekt wird für eine Handlung der Vergangenheit benutzt, die länger andauert, wiederholt oder versucht wird. Dabei wird die Dauer (durativer Aspekt) der Handlung betont.

Übersetzung ins Deutsche: Präteritum

Καὶ ποιμένες ἦσαν ἐν τῇ χώρᾳ τῇ αὐτῇ … (Lk 2,8) - Und Hirten waren in demselben Land … * Τὸ δὲ παιδίον ηὔξανεν … (Lk 2,40) - Das Kind aber wuchs … * Καὶ ἐπορεύοντο οἱ γονεῖς αὐτοῦ κατ' ἔτος εἰς Ἰερουσαλὴμ … (Lk 2,41) - Und seine Eltern reisten jedes Jahr nach Jerusalem …

Aorist

Der Aorist ist ein Erzähltempus, das eine Handlung der Vergangenheit wiedergibt. Mitunter wird durch den Aorist ein Punkt der Handlung, der Anfang oder das Ende, betont (punktueller Aspekt). Der Aspekt kann in der Übersetzung zum Ausdruck gebracht werden, muss aber nicht.

Übersetzung ins Deutsche: Präteritum / Perfekt (Erzähltempus)

Εἰσῆλθεν οὖν πάλιν εἰς τὸ πραιτώριον ὁ Πιλᾶτος καὶ ἐφώνησεν τὸν Ἰησοῦν καὶ εἶπεν αὐτῷ· … (Joh 18,33) - Also ging Pilatus wieder ins Prätorium, rief Jesus herbei und sagte ihm: … * … καὶ εὐθέως ἀνέβλεψαν καὶ ἠκολούθησαν αὐτῷ. (Mt 20,34) - … und sofort wurden sie sehend / begannen sie sehend zu werden

Perfekt

Das Perfekt bezeichnet eine abgeschlossene Handlung der Vergangenheit, deren Ergebnis in der Gegenwart vorliegt (resultativer Aspekt).

Übersetzung ins Deutsche: Perfekt / Präsens

Ταῦτα ἐν παροιμίαις λελάληκα ὑμῖν … (Joh 16,25) - Dieses habe ich euch in Gleichnissen gesagt … * … τὰ πάντα δι' αὐτοῦ καὶ εἰς αὐτὸν ἔκτισται· (Kol 1,16) – … alles ist durch ihn und für ihn geschaffen worden; *folglich:* … alles existiert / ist durch ihn und für ihn; …

Plusquamperfekt

Das Plusquamperfekt bezeichnet eine abgeschlossene Handlung der Vorvergangenheit, deren Ergebnis in der Vergangenheit vorlag (resultativer Aspekt). Übersetzung ins Deutsche: Plusquamperfekt / Präteritum

... ἡ ὄψις αὐτοῦ σουδαρίῳ περιεδέδετο. (Joh 11,44) - ... und sein Gesicht war mit einem Schweißtuch umwickelt (worden).

Futur

Das Futur drückt eine zukünftige Handlung aus. Mitunter kann das griechische Futur auch mit dem deutschen Präsens wiedergegeben werden. Dann sollte jedoch aus dem Kontext eindeutig die Zukünftigkeit der Handlung ersichtlich sein.

... αὐτὸς ὑμᾶς βαπτίσει ἐν πνεύματι ἁγίῳ καὶ πυρί· (Lk 3,16) - ... Er wird euch mit dem heiligen Geist und Feuer taufen;

Gelegentlich wird das Futur modal gebraucht. In solchen Fällen wird es mit *wollen, sollen, können* oder *müssen* und dem Infinitiv übersetzt.

καὶ ἀγαπήσεις κύριον τὸν θεόν σου ἐξ ὅλης τῆς καρδίας σου ... (Mk 12,30) - Und du sollst den Herrn, deinen Gott, aus deinem ganzen Herzen lieben ...

οὐ μή mit Futur ist die stärkste Verneinung eines zukünftigen Geschehens: vgl. S. 61

Modi

Indikativ

Der Indikativ gibt in den meisten Fällen die Wirklichkeit an.

Τότε ἔρχεται μετ' αὐτῶν ὁ Ἰησοῦς εἰς χωρίον ... (Mt 26,36) - Dann kommt Jesus mit ihnen zu einem Grundstück ...

Konjunktiv

Der Konjunktiv drückt die Nichtwirklichkeit, den Wunsch oder die Möglichkeit aus.

Konjunktiv im Hauptsatz

◦ Adhortativ (Nikolauskonjunktiv): Selbstaufforderung an die eigene Gruppe

Der Konjunktiv steht in der 1. P. Pl.

ἐγείρεσθε ἄγωμεν· (Mt 26,46) - Steht auf [und] **lasst uns gehen**!

◦ Dubitativ: zweifelnde Frage

Der Konjunktiv steht in der 1. P. Sgl. / Pl. in einem Fragesatz.

διδάσκαλε, τί ποιήσωμεν; (LK 3,12) - Lehrer, was sollen wir tun?

◦ Prohibitiv: Verbot

Der Konjunktiv kann in der 2. / 3. P. Sgl. / Pl. stehen. Die Negation ist μή.

μὴ μεριμνᾶτε τῇ ψυχῇ ... (Lk 12,22) - Ihr sollt nicht über (euer) Leben besorgt sein ...

Konjunktiv im Nebensatz

◦ Finalsatz

Der finale Nebensatz wird mit ἵνα eingeleitet. Das Verb steht immer im Konjunktiv. Negiert wird der Finalsatz mit ἵνα μή oder μή.

ουτος ἦλθεν εἰς μαρτυρίαν ἵνα μαρτυρήσῃ περὶ τοῦ φωτός, ἵνα πάντες πιστεύσωσιν δι' αὐτοῦ. (Joh 1,7) - Dieser kam zum Zeugnis, um über das Licht Zeugnis abzulegen ... * γρηγορεῖτε καὶ προσεύχεσθε, ἵνα μὴ εἰσέλθητε εἰς πειρασμόν· (Mt 26,41) - Seid wachsam und betet, damit ihr nicht in Versuchung geratet. * βλέπετε μή τις ὑμᾶς πλανήσῃ· (Mk 13,5) - Seht (zu), dass nicht irgendeiner euch in die Irre führt.

◦ Konditionalsatz

Konditionalsätze sind Bedingungssätze.

	Nebensatz	Hauptsatz
Zukünftiger Eventualis	ἐὰν + Konjunktiv	Futur
	Der Nebensatz bezeichnet etwas, was in der Zukunft eventuell eintreten kann. καὶ ἐὰν ἐκεῖ ᾖ υἱὸς εἰρήνης, ἐπαναπαήσεται ἐπ' αὐτὸν ἡ εἰρήνη ὑμῶν· (Lk 10,6) - Und wenn dort ein Sohn des Friedens sein wird / ist, wird euer Friede auf ihm ruhen.	
Allgemeingültiger Eventualis	ἐὰν + Konjunktiv	Präsens
	Der Nebensatz bezeichnet etwas allgemein Gültiges, was eventuell eintreten kann. ἐὰν [γὰρ] προσεύχωμαι γλώσσῃ, τὸ πνεῦμά μου προσεύχεται...(1 Kor 14,14) - (Immer) Wenn ich nämlich in Zungenrede bete, betet mein Geist …	
Irrealis	εἰ + Augmenttempus	(ἄν) + Augmenttempus
	Der Nebensatz bezeichnet etwas Unwirkliches, der Hauptsatz die unwirkliche Folge. εἰ ἐκ τοῦ κόσμου τούτου ἦν ἡ βασιλεία ἡ ἐμή, οἱ ὑπηρέται οἱ ἐμοὶ ἠγωνίζοντο [ἄν] … (Joh 18,36) - Wenn meine Königsherrschaft aus dieser Welt wäre, (dann) würden meine Diener kämpfen …	
Indefinit	εἰ + Indikativ	beliebiger Modus
	Das Verhältnis des Nebensatzes ist zur Wirklichkeit unbestimmt. εἰ πάντες σκανδαλισθήσονται ἐν σοί, ἐγὼ οὐδέποτε σκανδαλισθήσομαι. (Mt 26,33) - Wenn alle durch dich zur Sünde verleitet werden, [so] werde ich niemals zur Sünde verleitet.	

◦ Relativsatz mit Nebensinn

Relativsätze, die im Konjunktiv stehen, beinhalten einen Nebensinn (kausal, final, konsekutiv oder konditional). Dieser kann, muss aber nicht ausgedrückt werden. Der griechische Konjunktiv wird im Deutschen mit dem Indikativ wiedergegeben.

Ὃς ἐὰν ὁμολογήσῃ ὅτι Ἰησοῦς ἐστιν ὁ υἱὸς τοῦ θεοῦ, ὁ θεὸς ἐν αὐτῷ μένει καὶ αὐτὸς ἐν τῷ θεῳ. (1 Joh 4,15) - Wer (nämlich) bekennt, dass Jesus der Sohn Gottes ist, bei ihm bleibt Gott und er bei Gott.

◦ οὐ μή mit Konjunktiv Aorist

Diese Verbindung drückt die stärkste Verneinung eines zukünftigen Geschehens aus.

καὶ πᾶς ὁ ζῶν καὶ πιστεύων εἰς ἐμὲ οὐ μὴ ἀποθάνῃ εἰς τὸν αἰῶνα. (Joh 11,26) - Und jeder, der lebt und an mich glaubt, wird nicht / niemals sterben.

Gelegentlich steht οὐ μή auch mit dem Futur (vgl. S. 58).

καὶ ἐν ταῖς ἡμέραις ἐκείναις ζητήσουσιν οἱ ἄνθρωποι τὸν θάνατον καὶ οὐ μὴ εὑρήσουσιν αὐτόν … (Offb 9,6) - Und in jenen Tagen werden die Menschen den Tod suchen und sie werden ihn nicht / nie finden …

Imperativ

Der Imperativ ist die Befehlsform. Im Griechischen gibt es sowohl im Singular als auch im Plural zwei Imperative. Die Imperative, die sich an die 2. Person richten, entsprechen den deutschen Imperativen: λύε - löse; λύετε - löst. Die Imperative, die die 3. Personen ansprechen, werden im Deutschen mit *soll(en)* wiedergegeben: λυέτω - Er / Sie / Es soll lösen.; λυέτωσαν - Sie sollen lösen.

Bei der Übersetzung des Aorists sollte der Aspekt berücksichtigt werden (vgl. S. 57).

ἐλέησόν με, κύριε υἱὸς Δαυίδ· (Mt 15,22) - *ohne Aspekt:* Erbarme dich meiner, Herr, Sohn Davids. *mit Aspekt:* Beginne dich meiner zu erbarmen, Herr, Sohn Davids. / Fange endlich an, dich meiner zu erbarmen, Herr, Sohn Davids.

Optativ

Der Optativ kommt im Neuen Testament selten vor. In den meisten Fällen gibt er einen Wunsch an.

μὴ γένοιτο. (Röm 6,2) - Das möge / soll nicht geschehen. * ἡ χάρις μεθ' ὑμῶν [εἴη]. (Kol 4,18) - Gnade sei / möge sein / soll sein mit euch.

Partizip

◦ als Attribut

Das Partizip steht als Attribut, als nähere Bestimmung, zu einem Bezugswort, mit dem es in KNG-Kongruenz steht.

Übersetzung des Partizips: Relativsatz, Partizip (wörtlich)

… ἐπίστευσαν **τῷ Φιλίππῳ εὐαγγελιζομένῳ** περὶ τῆς βασιλείας τοῦ θεοῦ … (Apg 8,12)
… sie glaubten **(dem) Philipp, der** von der Königsherrschaft Gottes **verkündete,** …
… sie glaubten **dem** von der Königsherrschaft Gottes **verkündenden Philipp** …

◦ als Substantiv

Das Partizip hat meistens einen Artikel.

Übersetzung des Partizips: Partizip (wörtlich), Substantiv, Relativsatz, Beiordnung

ο δὲ **ποιῶν** τὴν ἀλήθειαν ἔρχεται πρὸς τὸ φῶς … (Joh 3,21)
wörtlich: **Der** aber die Wahrheit **Machende** kommt zum Licht …
substantivisch: **Der Macher** der Wahrheit kommt zum Licht …
Relativsatz: Der aber, **der** die Wahrheit macht, kommt zum Licht …
Beiordnung: **Der** aber **macht** die Wahrheit **und** kommt zum Licht

◦ als Prädikat

Das Hauptverb des Satzes gibt die eigentliche Handlung, das Partizip die Nebenhandlung bzw. den Begleitumstand an.

Übersetzung des Partizips: Partizip (wörtlich), Relativsatz, Beiordnung, Nebensatz mit Sinnrichtung

Die Wahl der Sinnrichtung ist immer abhängig vom Kontext.

Sinnrichtung	Nebensatzeinleitung
konditional	wenn, falls μακάριοί ἐστε ὅταν … εἴπωσιν πᾶν πονηρὸν καθ' ὑμῶν ψευδόμενοι … (Mt 5,11) - Selig seid ihr, wenn … sie [die Menschen] euch alles Böse nachsagen, wenn sie lügen ...
kausal	da, weil **ἀκούσας** δὲ περὶ τοῦ Ἰησοῦ ἀπέστειλεν πρὸς αὐτὸν πρεσβυτέρους … (Lk 7,3) - **Weil er** aber von Jesus **gehört hatte**, schickte er Älteste zu ihm …
konzessiv	obwohl, obgleich διὰ τοῦτο ἐν παραβολαῖς αὐτοῖς λαλῶ, ὅτι **βλέποντες** οὐ βλέπουσιν καὶ **ἀκούοντες** οὐκ ἀκούουσιν … (Mt 13,13) - Deshalb rede ich in Gleichnissen zu ihnen: **obwohl sie sehen**, sehen sie nicht, und **obwohl sie hören**, hören sie nicht …
final	damit, um … zu καὶ ἔπεσεν ἐπὶ πρόσωπον παρὰ τοὺς πόδας αὐτοῦ **εὐχαριστῶν** αὐτῷ·... (Lk 17,16) - und er fiel nieder auf das Gesicht vor seine Füße, **um** ihm **zu danken** …
modal	indem, wobei παρεγένετο δὲ ὁ πρῶτος **λέγων**· … (Lk 19,16) - Der Erste aber trat heran, **wobei er sagte**: …
temporal	während, als Partizip Präsens: Die Partizip-Handlung läuft gleichzeitig mit dem Pädikat ab. καὶ ἐπλήσθησαν πάντες θυμοῦ ἐν τῇ συναγωγῇ **ἀκούοντες** ταῦτα (Lk 4,28) - und alle wurden mit Zorn in der Synagoge erfüllt, **während sie** dieses **hörten** nachdem, als Partizip Aorist: Die Partizip-Handlung läuft vorzeitig zum Prädikat ab. … **ἀκούσαντες** τῶν λόγων τούτων ἔλεγον· … (Joh 7,40) - … und **nachdem sie** diese Rede **gehört hatten**, sagten sie: …

Genitivus absolutus (Genabs)

Der Genabs ist eine vom Hauptsatz losgelöste Konstruktion. Er steht somit in keiner grammatikalischen Beziehung zu einem anderen Satzglied des Hauptsatzes. Der Genabs besteht aus einem Partizip und einem Nomen. Beide stehen in KNG-Kongruenz, immer im Genitiv.

Bei der Übersetzung wird das Genitiv-Nomen zum Subjekt, das Genitiv-Partizip zum Prädikat. Der Anschluss des Genabs an den Hauptsatz kann durch eine Beiordnung, durch einen Nebensatz mit Sinnrichtung oder durch eine Substantivierung erfolgen.

Ταῦτα δὲ **αὐτῶν** **λαλούντων** αὐτὸς ἔστη ἐν μέσῳ αὐτῶν … (Lk 24,36)
⇩ ⇩
Sie **sagten** aber dieses **und** er trat in ihre Mitte …
Während sie aber dieses **sagten**, trat er in ihre Mitte …
Während ihres Gesprächs darüber trat er in ihre Mitte …

Καὶ διαπεράσαντος τοῦ Ἰησοῦ [ἐν τῷ πλοίῳ] πάλιν εἰς τὸ πέραν συνήχθη ὄχλος πολὺς ἐπ' αὐτόν … (Mk 5,21) - Und nachdem Jesus mit dem Schiff wieder zum jenseitigen Ufer hinübergefahren war, versammelte sich eine große Volksmenge bei ihm … * Ἐν ἔτει δὲ πεντεκαιδεκάτῳ τῆς ἡγεμονίας Τιβερίου Καίσαρος, ἡγεμονεύοντος Ποντίου Πιλάτου … (Lk 3,1) - Im 15. Jahr der Herrschaft des Kaisers Tiberius, während Pontius Pilatus Statthalter war / unter dem Statthalter Pontius Pilatus …

Infinitiv

Finaler Infinitiv

Der finale Infinitiv steht nach Verben des Bewegens und Gebens.

… καὶ συνήρχοντο ὄχλοι πολλοὶ ἀκούειν καὶ θεραπεύεσθαι ἀπὸ τῶν ἀσθενειῶν αὐτῶν· - … und eine große Volksmenge kam zusammen, um zu hören und von ihren Krankheiten geheilt zu werden. (Lk 5,15)

Akkusativ mit Infinitiv (AcI)

Der AcI, der Accusativus cum infinito, ist eine satzwertige Konstruktion, die mit einem „dass-Satz“ aufgelöst werden muss. In diesem “dass-Satz” wird der Akkusativ zum Subjekt, der Infinitiv zum Prädikat.

Der AcI hat immer einen Auslöser:

- unpersönliche Ausdrücke (z.B. δεῖ, ἔξεστιν),
- Verben des Begehrens, Wünschens, Könnens, Verstehens, Lehrens, Lernens, Wagens, Zauderns, Müssens, Sagens, Meinens, Zeigens, Meldens oder
- Verben der sinnlichen und geistigen Wahrnehmung

Ἔδει δὲ **αὐτὸν διέρχεσθαι** διὰ τῆς Σαμαρείας. (Joh 4,4)

⇩ ⇩

Es war aber erforderlich, **dass** er reiste durch Samarien.

Οὐ γὰρ θέλομεν ὑμᾶς ἀγνοεῖν … (2 Kor 1,8) - Ich will nämlich nicht, dass ihr nicht wisst …

Sind das Subjekt des Auslösers und der Akkustativ des AcI identisch, so steht der Akkusativ als Reflexivpronomen. Dieses wird mit dem entsprechenden Personalpronomen wiedergegeben.

ἀδελφοί, ἐγω **ἐμαυτὸν** οὐ λογίζομαι κατειληφέναι·... (Phil 3,13) - Brüder, ich meine nicht, dass **ich** [es] ergriffen habe. * οὕτως καὶ ὑμεῖς λογίζεσθε **εαυτοὺς** [εἶναι] νεκροὺς μὲν τῇ ἁμαρτίᾳ … (Röm 6,11) - So geht auch ihr davon aus, dass **ihr** zwar für die Sünde Tote seid …

Steht ὥστε mit dem AcI, wird der Nebensatz nicht mit *dass*, sondern konsekutiv oder final eingeleitet.

τοῦτο δὲ ἐγένετο ἐπὶ ἔτη δύο, **ὥστε πάντας τοὺς κατοικοῦντας** τὴν Ἀσίαν **ἀκοῦσαι** τὸν λόγον τοῦ κυρίου … (Apg 19,10) - Dieses aber geschah über zwei Jahre, **so dass alle Bewohner** von Asia das Wort des Herrn **hörten** …

Gelegentlich wird der AcI durch einen ὅτι-Satz ersetzt.

... οἶδα ὅτι Μεσσίας ἔρχεται ὁ λεγόμενος χριστός· ... (Joh 4,25) - ... Ich weiß, dass der Messias kommt, der so genannte Christus; ...

Substantivierter Infinitiv

Der substantivierte Infinitiv ist ähnlich wie der AcI aufgebaut. Er ist ebenfalls eine satzwertige Konstruktion.

Aufbau:

(Präposition) + Artikel + Infinitiv + Akkusativ

Die Präposition gibt die Sinnrichtung des deutschen Nebensatzes an. In der Übersetzung wird der Akkusativ zum Subjekt, der Infinitiv zum Prädikat. Gelegentlich kann diese Infinitivkonstruktion auch als Substantivierung wiedergegeben werden.
Für den substantivierten Infinitiv gibt es keinen Auslöser.

Die am häufigsten vorkommenden Sinnrichtungen:

τοῦ + Infinitiv: final, konsekutiv

... ἡμέραι ἐκδικήσεως αυταί εἰσιν τοῦ πλησθῆναι πάντα τὰ γεγραμμένα. (Lk 21,22) - Die Tage der Rache sind diese, damit alles Geschriebene erfüllt wird.

εἰς τὸ + Infinitiv: final, konsekutiv

καὶ δύναμις κυρίου ἦν εἰς τὸ ἰᾶσθαι αὐτόν. (Lk 5,17) - Und die Kraft des Herrn war (mit ihm), damit er heilt. / um zu heilen.

ἐν τῷ + Infinitiv: modal, temporal

Infinitiv Präsens: gleichzeitig zur Haupthandlung

Ἐν δὲ τῷ ὑποστρέφειν τὸν Ἰησοῦν ἀπεδέξατο αὐτὸν ὁ ὄχλος· (Lk 8,40) - Und während Jesus zurückkehrte, / Bei der Rückkehr Jesu empfing ihn das Volk.

Infinitiv Aorist: vorzeitig zur Haupthandlung

Ἐν δὲ τῷ λαλῆσαι [αὐτὸν] ἐρωτᾷ αὐτὸν Φαρισαῖος … (Lk 11,37) - Und nachdem er redete, / Nach (seiner) Rede fragt ein Pharisäer ihn …

Manchmal hat der Akkusativ neben dem Infinitiv nicht die Funktion eines Subjektes, sondern die eines Objektes. Um welches Satzglied es sich bei diesem Akkusativ handelt, ergibt sich aus dem Kontext.

οἱ δὲ ὀφθαλμοὶ αὐτῶν ἐκρατοῦντο τοῦ μὴ ἐπιγνῶναι αὐτόν. (Lk 24,16) - Ihre Augen aber wurden fest gehalten, damit sie ihn nicht erkennen.

Kollektiver Singular

Neutrale Wörter im Plural werden oftmals als Sammelbegriff aufgefasst. Ihr Prädikat kann deshalb im Singular stehen.

Ἦν δὲ καὶ ὁ Ἰωάννης βαπτίζων ἐν Αἰνὼν …, ὅτι **ὕδατα πολλὰ ἦν** ἐκεῖ … (Joh 3,23) - Und Johannes taufte in Änon …, weil dort **viel Wasser war** …

Negation

Doppelte Negation

Stehen mehrere Negationen in einem Satz und ist die letzte Negation eine zusammengesetzte (mehr als eine Silbe), so ist die Satzaussage negativ.

… καὶ **οὐδενὶ οὐδὲν** εἶπαν· … (Mk 16,8) - … und sie sagten keinem etwas … * … καὶ **οὐδεὶς οὐκέτι** ἐτόλμα αὐτὸν ἐπερωτῆσαι. (Mk 12,34) - … und niemand wagte es mehr, ihn zu fragen.

Aber: **ου** δυνάμεθα γὰρ ἡμεις ἃ εἴδαμεν καὶ ἠκούσαμεν **μη** λαλεῖν. (Apg 4,20) - Wir können nämlich [das], was wir gesehen und gehört haben, sagen.

Zahlen

Zahlen		
1	α΄	εἷς, μία, ἕν[1]
2	β΄	δύο[1]
3	γ΄	τρεῖς, τρία[1]
4	δ΄	τέσσαρες, α[1]
5	ε΄	πέντε
6	ϛ΄	ἕξ
7	ζ΄	ἑπτά
8	η΄	ὀκτώ
9	θ΄	ἐννέα
10	ι΄	δέκα
11	ια΄	ἕνδεκα
12	ιβ΄	δώδεκα
13	ιγ΄	δεκατρεῖς, -τρία
14	ιδ΄	δεκατέσσαρες, -α
15	ιέ	δεκαπέντε
16	ιϛ΄	δεκαέξ
17	ιζ΄	δεκαεπτά
18	ιη΄	δεκαοκτώ
19	ιθ΄	δεκαεννέα

Zahlen		
20	κ΄	εἴκοσι
30	λ΄	τριάκοντα
40	μ΄	τεσσεράκοντα
50	ν΄	πεντήκοντα
60	ξ΄	ἑξήκοντα
70	ο΄	ἑβδομήκοντα
80	π΄	ὀγδοήκοντα
90	ϙ΄	ἐνενήκοντα
100	ρ΄	ἑκατόν

Zahlen		
200	σ΄	διακόσιοι[2]
300	τ΄	τριακόσιοι[2]
400	υ΄	τετρακόσιοι[2]
500	φ΄	πεντακόσιοι[2]
600	χ΄	ἑξακόσιοι[2]
700	ψ΄	ἑπτακόσιοι[2]
800	ω΄	ὀκτακόσιοι[2]
900	ϡ΄	ἐνακόσιοι[2]
1000	,α	χίλιοι[2]
10.000	,ι	μύριοι[2]

1: Die Zahlwörter eins bis vier werden dekliniert. * 2: Diese Zahlwörter haben maskuline, feminine und neutrale Endungen: -κόσιοι, -αι, -α bzw. χίλιοι, -αι, -α bzw. μύριοι, -αι, -α.

Deklination der Zahlwörter eins bis vier

	mask.	fem.	neutr.		mask./fem.	neutr.	mask./fem.	neutr.
	eins			zwei	drei		vier	
Nom.	εἷς	μία	ἕν	δύο	τρεῖς	τρία	τέσσαρες	τέσσαρα
Gen.	ἑνός	μιᾶς	ἑνός	δύο	τριῶν		τεσσάρων	
Dat.	ἑνί	μιᾷ	ἑνί	δυσί(ν)	τρισί(ν)		τέσσαρσι(ν)	
Akk.	ἕνα	μίαν	ἕν	δύο	τρεῖς	τρία	τέσσαρας	τέσσαρα

Glossarium

Grammatikalische Begriffe

Akkusativ - 4. Fall (Frage „wen oder was?“)

Aktiv - Handlungsart: Das Subjekt ist aktiv, also der Täter der Handlung.

Apposition - nähere Bestimmung durch ein Nomen im gleichen Fall

Dativ - 3. Fall (Frage „wem?“)

Deklination - Beugung der Substantive, Adjektive, Pronomen, Artikel, Partizipien

Diphthong - doppelte Vokale: au, ei, eu usw.

feminin - Geschlecht: weiblich

Futur - Zeitform, die etwas Zukünftiges angibt

Genitiv - 2. Fall (Frage „wessen?“)

Genus - Geschlecht eines Substantivs, Adjektivs, Pronomens, Artikels, Partizips

Genus verbi - Handlungsart des Verbes (vgl. Aktiv, Passiv)

Imperativ - Aussageweise: Befehlsform

Imperfekt - Zeitform, die etwas Vergangenes angibt

indeklinabel - nicht nach einer Deklination beugbar

Indikativ - Aussageweise: Wirklichkeit

Infinitiv - Grundform eines Verbes, ungebeugte Form

Interjektion - Ausruf

Kasus - Fall

Konjugation - Beugung der Verben

Konjunktiv - Aussageweise: Unwirklichkeit, Wunsch, Möglichkeit

Konsonant - Mitlaut: g, k, m, l, p usw.

maskulin - Geschlecht: männlich

Modus - Aussageweise (vgl. Indikativ, Konjunktiv, Imperativ)

neutrum - Geschlecht: sächlich

Nominativ - 1. Fall (Frage „wer oder was?“)

Numerus - Anzahl (vgl. Singular, Plural)

Passiv - Handlungsart: Das Subjekt ist passiv, also das Opfer der Handlung.

Perfekt - Zeitform, die etwas Abgeschlossenes angibt

Plural - Mehrzahl

Plusquamperfekt - Zeitform, die etwas in der Vergangenheit Abgeschlossenes angibt

Präsens - Zeitform, die etwas Gegenwärtiges angibt

Präteritum - = Imperfekt

Singular - Einzahl

Tempus - Zeitform

Vokal - Selbstlaut: a, e, i, o, u

Wortarten

Wortart	Definition	Beispiel
Verb	Tätigkeit, Handlung	Luise **tanzt**. Kinder **lieben** Pizza.
Substantiv[1]	Ding, Begriff, Name	Am **Himmel** fliegt ein **Vogel**. **Anna** spielt am liebsten **Fußball**.
Adjektiv[1]	Eigenschaft	ein **schöner** Tag
Artikel	Begleiter	**das** große Haus, **ein** großes Haus
Pronomen[1]	Begleiter, Stellvertreter eines Substantivs (= Fürwortt)	**Dieser** Mann singt. **Jener / Er** singt.
Personal-	persönliches Fürwort	**Ich** male **dich**. **Sie** steht **mir** bei. **Wir** freuen **uns**.
Relativ-	bezügliches Fürwort	Das Bild, **das / welches** an der Wand hängt, ist schön. Die Frau, **deren** Kinder spielen, steht am Fenster.
Demonstrativ-	hinweisende Fürwörter	**Dieses** (Essen) schmeckt nicht. Er **selbst** sieht mich an. **Dasselbe** habe ich auch erlebt.
Interrogativ-	Fragefürwort	**Wer** steht da? **Was** hast du?
Reflexiv-	rückbezügliches Fürwort	Er freut **sich**. Wir verbeugen **uns**. Du siehst **dich** im Spiegel.
Indefinit-	unbestimmtes Fürwort	**Jeder** geht, wann er will. **Keiner** kommt. **Alle** sehen zu. **Man** kann es nicht fassen.
Possessiv-	Besitzanzeigendes Fürwort	**meine** Mutter, **dein** Vater, **unsere** Kinder, **eure** Freunde
Partizip	Mittelwort	**Singend** kocht er. Das **geliebte** Kind ist glücklich.
Adverb	Angabe eines näheren Umstandes, Beschreibung der Verbhandlung	Sie fahren **immer** an die Ostsee. **Gestern** trafen sie sich. Karla läuft **gerne**.
Partikel	kleines Wort, das nicht dekliniert wird	**Ja**, ist das denn die Möglichkeit? **Ach**, wie toll!
Präposition	steht vor einem Substantiv, Pronomen oder Adjektiv	**auf** dem Baum, **mit** Freunden, **unter** Aufsicht, **in** der Stadt, **durch** das Tor, **vor** der Tür
Konjunktion	Verbindung von Wörtern, Wortgruppen oder Sätze	schwarz **und** weiß, Ich gehe, **aber** du kommst. Er freut sich, **weil / obwohl / wenn** sie kommt.

1: Oberbegriff ist Nomen

Satzglieder

Satzgliedfunktion	Bedeutung	Füllung (Wortart)	Beispiel
Prädikat	Satzaussage	Verb	Katharina **singt**.
Kopula + Prädikatsnomen	Satzaussage	Hilfsverb + Nomen	Laura **ist groß**. Antonia **ist Schülerin**.
Subjekt	Handlungsträger	Nomen	**Moni** töpfert.
Prädikativum	Bezug auf Subjekt / Objekt und nähere Bestimmung des Prädikats	Nomen	Er ist **als Vater** gutmütig.
Objekt	Satzergänzung	Nomen	Jürgen genießt **die Aussicht**. Er sieht **alles**.
Adverbiale Bestimmung	Umstandsbestimmung	(Präposition) + Nomen / Adverb	Sie sitzen **auf der Wiese**. **Abends** tanzen sie. Er küsst **leidenschaftlich**.
Attribut	nähere Bestimmung eines Nomens	Nomen	eine **alte** Hexe; Das Haus **meines Vaters** ist alt.
Konnektor	Bindewort	Konjunktion	Ich schreibe **und** lese täglich. Die Sonne scheint, **obwohl** es regnet.

Stilmittel

◦ Alliteration: Aufeinanderfolgende Wörter beginnen mit dem gleichen Buchstaben.

και πνεύματα προφητῶν προφήταις ὑποτάσσεται (1 Kor 14,32) - Und die Geister der Propheten werden den Propheten gehorchen.

◦ Anapher: Wiederholung eines Wortes am Anfang von Sätzen oder Satzteilen

... **ου** ζηλοῖ, [ἡ ἀγάπη] **ου** περπερεύεται, **ου** φυσιοῦται, **οὐκ** ἀσχημονεῖ, **ου** ζητεῖ τὰ ἑαυτῆς, **ου** παροξύνεται, **ου** λογίζεται τὸ κακόν, **ου** χαίρει ἐπὶ τῇ ἀδικίᾳ ... (1 Kor 13,4-6) - ... sie ist nicht eifersüchtig, [die Liebe] sie prahlt nicht, sie bläht sich nicht auf, sie führt sich nicht unanständig auf, sie sucht nicht das Ihre, sie lässt sich nicht reizen, sie bewertet das Böse nicht, sie freut sich nicht über die Ungerechtigkeit ...

◦ Antithese: Gegensatz

ἐγω ἐβάπτισα ὑμᾶς ὕδατι, **αὐτὸς δε** βαπτίσει ὑμᾶς ἐν πνεύματι ἁγίῳ. (Mk 1,8) - Ich habe euch mit Wasser getauft, er aber wird euch mit dem heiligen Geist.

◦ Asyndeton: Reihung, die nicht durch Bindewörter verbunden ist

πάντα στέγει, **πάντα** πιστεύει, **πάντα** ἐλπίζει, **πάντα** ὑπομένει. (1 Kor 13,7) - Alles erträgt sie geduldig, alles glaubt sie, alles hofft sie [und] alles hält sie aus.

◦ Chiasmus: kreuzweise Stellung sich entsprechender Begriffe oder Satzteile

Ἡ ἀγάπη μακροθυμεῖ, χρηστεύεται ἡ ἀγάπη ... (1 Kor 13,4) -
Subj. Präd. Präd. Subj.
Die Liebe ist langmütig, gütig erweist sich die Liebe …

◦ Ellipse: Auslassung eines leicht zu ergänzenden Wortes

ὁ βασιλεὺς τῶν Ἰουδαίων ουτος. (Lk 23,38) - Der König der Juden [ist] dieser.

◦ Epipher: Wiederholung des gleichen Wortes am Satz- oder Satzteilende

ὅτε ἤμην **νήπιος**, ἐλάλουν ὡς **νήπιος**, ἐφρόνουν ὡς **νήπιος**, ἐλογιζόμην ὡς **νήπιος**· (1 Kor 13,11) - Als ich unreif war, redete ich wie ein Unreifer, ich war gesinnt wie ein Unreifer, ich dachte wie ein Unreifer.

◦ Figura etymologica: Verwendung eines Verbes und Substantivs des gleichen Stammes

καλὸν **ἔργον ἠργάσατο** ἐν ἐμοί. (Mk 14,6) - Sie hat eine gute Tat an mir getan.

◦ Homoioteleuton: gleiche Endungen aufeinanderfolgender Wörter

καὶ ἐξῆλθεν ἄλλο**ς** ἵππο**ς** πυρρό**ς** ... (Offb 6,4) - Und es kam ein anderes feuerrotes Pferd heraus ...

◦ Hyperbaton: Trennung von zusammengehörigen Wörtern

οὐ μόνον δὲ **τοῦτο** κινδυνεύει ἡμῖν **τὸ μέρος** εἰς ἀπελεγμὸν ἐλθεῖν … (Apg 19,27) - Nicht nur dieser Teil läuft Gefahr, in Verruf zu kommen …

◦ Klimax: Steigerung des Aussageinhaltes

Νυνὶ δὲ μένει **πίστις, ἐλπίς, ἀγάπη**, τὰ τρία ταῦτα· (1 Kor 13,13) - Nun aber bleiben Glaube, Hoffnung, Liebe, diese drei.

◦ Litotes: Hervorhebung durch Verneinung des Gegenteils

γενομένης δὲ στάσεως καὶ ζητήσεως **οὐκ ὀλίγης** ... (Apg 15,2) - Nach Entstehung eines Aufruhrs und einer nicht geringen (also: einer großen) Auseinandersetzung ...

◦ Metapher: Übertragung eines Wortes in eine ihm fremde Sphäre

ἐγὼ ἐφύτευσα, Ἀπολλῶς ἐπότισεν, ἀλλὰ ὁ θεὸς ηὔξανεν· (1 Kor 3,6) - Ich pflanzte, Apollos goss, aber Gott ließ wachsen.

◦ Parallelismus: parallele Stellung sich entsprechender Begriffe oder Satzteile

τῇ σπουδῇ μὴ ὀκνηροί,
τῷ πνεύματι ζέοντες,
τῷ κυρίῳ δουλεύοντες,
τῇ ἐλπίδι χαίροντες,
τῇ θλίψει ὑπομένοντες,
τῇ προσευχῇ προσκαρτεροῦντες ... (Röm 12,11-12) -
Im Eifer [seid] nicht träge, im Geist lodernd, beim Herrn dienend, in der Hoffnung fröhlich, in der Bedrängnis geduldig, im Gebet beharrlich ...

◦ Polysyndeton: Reihung, die durch mehrere Bindewörter verbunden ist

παραγενόμενοι δὲ εἰς Ἰερουσαλὴμ παρεδέχθησαν ἀπὸ τῆς ἐκκλησίας **και** τῶν ἀποστόλων **και** τῶν πρεσβυτέρων ... (Apg 15,4) - Nach Jerusalem kommend wurden sie von der Gemeinde, den Aposteln und den Ältesten aufgenommen ...

◦ Rhetorische Frage: Scheinfrage, die eine Behauptung oder Aufforderung enthält

Εἶπεν δὲ καὶ παραβολὴν αὐτοῖς· μήτι δυναται τυφλὸς τυφλὸν ὁδηγεῖν; οὐχὶ ἀμφότεροι εἰς βόθυνον ἐμπεσοῦνται; (Lk 6,39) - Und er sagte ihnen auch ein Gleichnis: Es kann doch nicht etwa ein Blinder einen Blinden führen? Werden nicht beide in eine Grube fallen?

Quellen und weiterführende Literatur

Wörterbücher

Bauer, Walter 1988: Griechisch-Deutsches Wörterbuch zu den Schriften des Neuen Testaments und der übrigen Urchristlichen Literatur, Berlin / New York

Preuschen, Erwin 2005: Griechisch-deutsches Taschenwörterbuch zum Neuen Testament, Berlin / New York

Grammatiken

Blass, Friedrich u.a. 1990: Grammatik des neutestamentlichen Griechisch, Göttingen

Bornemann, Eduard 2009: Griechische Grammatik, Braunschweig

Drosdowski, Günther u.a. 1995: DUDEN. Grammatik der deutschen Gegenwartssprache, Mannheim, Leipzig, Wien, Zürich

Siebenthal, Heinrich von 2005: Kurzgrammatik zum griechischen Neuen Testament, Gießen

Texte

Bible-Works Version 5.0 2001

Kommentare

Haubeck, Wilfried u.a. 1997: Neuer sprachlicher Schlüssel zum griechischen Neuen Testament. Matthäus bis Apostelgeschichte, Gießen / Basel

Haubeck, Wilfried u.a. 1994: Neuer sprachlicher Schlüssel zum griechischen Neuen Testament. Römer bis Offenbarung, Gießen

Rienecker, Fritz 1970: Sprachlicher Schlüssel zum Griechischen Neuen Testament, Gießen / Basel

Sachwortverzeichnis